「頭のいい子」は音読と計算で育つ

東北大学教授
川島隆太
四人の子供の母
川島英子

文庫

はじめに――「頭のいい子」に育ってほしいと願うパパとママへ

「頭のいい子」に育ってほしい――そう願うのは、親として当たり前のことです。

それでは、「頭がいい」とは、どういうことなのでしょうか。子供たちは「学び」の真っ最中にいるのですから、身につけた知識の量が多いか少ないかで決められるものでないことは明らかです。

また、筆記試験をして知的な発達ぐあいを測定する知能指数（ＩＱ）も、決め手にはなりません。なぜなら、新しい状況に対処する能力が高いかどうかを示すことができないからです。

かつては「頭がいい人」のことを、「解決しなければならない問題があるときに、その目標に向かって、過去に記憶したものを取り出して、適切な行動プログラムを前もってうまく組み立てたうえで、そのとおりに実行できる人」などと定義していました。

まわりくどい表現ですので、わたしは最新の脳科学をもとに「脳のなかに高速道路をたくさんつくっている人」と言い直しています。それでは、「高速道路」とはいったい何でしょう。

新しい学習を始めると、わたしたちの脳はそれを「解決＝処理」しようとして、脳内のどの神経細胞とどの神経細胞が手をつないで情報を流せばいいのかを探し求めます。あちらがいいのか、それともこちらか——それこそ何度も失敗を繰り返します。

やがて、いちばん近いルートが見つかり、細胞どうしが手をつなぎあって、情報が通れるようになります。こうして情報がスッと流れることを「問題が解決した」といい、細胞と細胞が情報を伝えている状態のときを「脳が活発にはたらいている」というわけです。

ところが、そのルートはまだ細くて心もとないので、車の通行量が少ないとすぐに雑草のなかに埋もれ、通れなくなってしまいます。そうさせないためには、繰り返し「車の通行量＝情報量」を流して、脳を活発にはたらかせてやらなければなりません。

そうすると、細かったルートがだんだん太くなり、しっかりした道路になっていきます。高速道路だとさらに道幅が広くなり、停止信号もまったくありませんので、さまざまな種類の車が「的確に」しかも「速く」走れるようになるわけです。

「脳のなかに高速道路のネットワークをたくさんつくる」ということは、「頭のなかに、ものごとを考え、解決し、道を切りひらいていくときに必要な道具をつくる」という意味です。

脳を活発にはたらかせてきたえていくと、高速道路はどんどん太くなり、いろいろな方向へびっしり張りめぐらされるようになるのですから、「頭のいい人」というのは、つぎからつぎへと車を通して（＝新情報を受け入れて）、意欲的に生きようとする人でもあるのです。

ヒトの脳のしくみがわかりだしたのは、つい最近のことです。かつてはサルの脳の研究しか入り口がありませんでした。サルの脳からヒトの脳のあれこれを類推して、ほかの科学的事実を組み立てたうえで、こう考えられるという推測の理論にすぎなかったのです。

それに対して、わたしが新しい研究成果を示すことができるのは、まったく人体への危険なしに、生きて活動するヒトの脳のはたらきを画像でとらえることができるようになったからです。いま、脳科学は、ものすごい勢いで発展しているのです。

わたしたちの大脳は進化の過程で生まれてきた新しい脳ですが、なかでも「人間ならではの思考活動をする場所＝前頭前野《ぜんとうぜんや》」のはたらきが、もっとも重要です。ちょうどオデコの後ろ側にあって、脳全体の司令塔になっていますが、脳をコンピュータにたとえると、前頭前野は「コンピュータのなかのコンピュータ」といえるはたらきをします。

つまり、「頭がいい」というのは、たんに知識が多いことをいうのではなくて、「司令塔の前頭前野が活発によくはたらき、すばやく的確な指示ができる」ことを意味します。

そして、この前頭前野は、文章の「音読」と単純な数の「計算」をすごくよろこぶという事実がわかりました。意外なことに、すばらしい数学能力をほこる大学の教授レベルと大学生を比べても、さらには小学生や中学生で実験しても、その結果はまったく同じだったのです。

さらに各種のデータを整合したところ、「読み・書き・計算」が脳の全身運動になることがわかりました。

そうしたスキル(技能)をみがくと基礎的な学力がきたえられ、そのうえに前頭前野がたくましくなって、人としての判断がしっかりできるようになり、子供たちの「考える力」や「生きる力」までが育っていくのです。脳内のネットワークがふえて太くなり、新しい刺激をじょうずに受け入れる「頭のよさ」

がととのっていくのでしょう。

といっても、「読み・書き・計算」だけでは、前頭前野はバランスよく発達しません。なぜなら、子供には「遊び」が仕事だからです。異年齢の子供たちがいっしょになってのドキドキするような遊びが、彼らの脳にはいちばんであることもわかってきています。

わたしには四人の息子がいます。脳科学者ですから、子育てのうえで特別なはたらきかけをしたように推測されるかもしれませんが、そうではありません。

その理由は、ふたつあります。

研究者として駆けだしのころに上の三人が生まれていますので、伝えてやりたいほどの知識をもっていなかった、というのがひとつです。また、子供たちの脳をよりよく育てるには早期の教えこみよりも、親子のコミュニケーション、とくに母と子が一対一で寄りそえる時間をたっぷり保証してやるほうがずっと有効なのではないか、と考えていたのがふたつめです。

それでも長男の勉強には、父親としてかかわりました。わたしのスウェーデン留学中に長男は小学生になったのですが、帰国すると日本の学校に編入ですので、あらかじめ日本の算数ドリルを用意していって、マンツーマンで一学年先の内容までやらせておいたのです。

読み・書き・計算のうちの「計算」を重点的につめこんだわけですね。算数が小学校教育においての軸ではないかと考えての決断だったのですが、その効果は大きかったようです。

帰国後に学齢になった次男と三男には一対一でかかわる時間がとれませんでしたので、中学受験などをめざさない、ある教室に通わせました。算数と国語がメインで、当人の学力を目安にする自習型のやりかたですが、それが彼らの脳をきたえてくれたことは事実でしょう。

いま考えても、この子育ての方向性はまちがっていなかったと思います。ですが、悔いはあります。末っ子が生まれたころから研究生活がさらに忙しくなり、上の兄たちのときのようにいっしょに時間をすごすことがむずかしくなったのです。もっといろいろなことを父子で体験しておきたかった、という忘れ物をしたような気持ちとでもいうのでしょうか……。

妻は子供たちによくはたらきかけてくれました。彼らがおなかにいるころから本を読み聞かせしたのもそうですし、乳児期にずっと濃密な母子のコミュニケーションを心がけてくれたのもすごくよかったです。みんなスポーツが得意なうえに読書が好きで、なかには芸術方面への才能を感じさせる子供もいますので、とても楽しみです。

本書では「脳の研究でわかったこと」と「家庭で学んだこと」を連動させて、専門的になりすぎないよう、身近なエピソードも盛りこみました。よい脳を育てるヒントにしてください。

わたしには研究者と夫、そして父親の顔があります。妻は専業主婦ですので、わたしの研究者に相当するような顔はありませんが、そのぶん、女性だけが母親になれるという特権的な充足感をたっぷり味わうことができたのではないかと思っています。

家族の歴史を記述のタテ糸にしたのは、その履歴がどうこうというよりも、妻のそうした存在のかけがえのなさにスポットを当てたかったからです。さらには、わたしと妻がどういう環境で育ったかを考えるために、それぞれの子供時代も振り返っておきました。

序章では、全体にわたる要点をまとめました。第1章は「音読・計算」と脳のはたらきを考えました。第2章は、よい脳をつくる「家庭学習のしかた」をまとめました。第3章は、子供の発達と「脳の成長」が中心です。そして第4章では、わが家の記録をもとに「脳と心の成長の跡」をたどってみました。

c o n t e n t s

第1章 「音読」と「計算」で脳は活性化する

脳科学と教育をつなげる研究

第2章 よい脳をつくる家庭学習のしかた

第3章 成長しつづける脳にバランスよい刺激を

脳の誕生と発達から「よい育てかた」を探る

第4章 脳と心の成長の跡をたどる――川島ファミリーの記録から

本文イラスト……MS企画

序章

最先端の脳科学を子育てにいかそう

脳にはまだまだ不思議がいっぱい

いま、脳の謎の解きあかしが急ピッチで進んでいます。世界的な規模で、しかも爆発的な勢いなのですが、これまでに解明できたのは全体の一〇パーセントにもなりません。それほど脳には不思議がいっぱいなのですが、びっくりするような発見もあいついでいます。

そのひとつが、音読や計算をすると脳の多くの場所が活発にはたらいて、その機能がよくなることがわかったことです。そんなに単純なことが？　と信じられないかもしれませんが、わたしの研究によって、複雑な思考をするときよりも、数かぞえや音読をするほうが、ずっと脳のなかを流れる血液の量がふえて、いちだんと活性化することがわかったのです。

しかも、物理学の名誉教授にはじまり、大学生から小学生にいたるまで、誰の脳でも同じように活発にはたらくのです。一ケタの足し算や数かぞえで、最高レベルから小学生の脳までが活性化するのですから、実験したほうが驚いてしまいました。

脳も体の一部ですから、きたえると丈夫になるとは考えられてきました。ところが、どのような訓練をすると脳をきたえることになるのか、最近までわからなかったのです。

これまでは、学習で新しい刺激を受け入れるほかに、細かい手先の運動をして前頭前野を刺激する、脳の最大酸素摂取量をふやす運動をする——などが脳によい、と考えられていました。

ところが、脳が音読や単純な計算のほうをよろこぶことがわかりましたので、応用のしかたを工夫すると、子供たちだけでなく、認知症をともなう高齢者や、障害児の脳のはたらきまで改善する道がひらけてきたのです。もちろん、家庭学習へのヒントもつかめるでしょう。

以下では、わたしの研究のアウトラインを紹介し、ついで脳科学のホットな成果などをまとめていきます。なじみのない用語が出てきますが、お子さんの脳をよくしたいのでしたら、まずご両親のほうからよくするのが順序というものです。弱音を吐かないでくださいね。

人間の脳は、完成するまでに二〇年もの時間を要しますが、一生成長しつづけるという特性もあります。何歳になっても、学習したぶんだけ「よりよい脳」になることがわかっていますので、トレーニングのつもりで読みすすめてください。

「頭のよさ」のカギを握る前頭前野

わたしは中学生のとき、「人間はいつか必ず死ぬ」ことに不安を感じて、なんとか防ぐ方法はないものかと考えました。季節はすぎ去り、人との出会いや別れが繰り返され、それが記憶として積み重ねられていきます。生命のいとなみを実感しているのは自分であるはずなのに、死ぬとすべてがゼロに……。

それはイヤだ！　という切実な思いでした。

ある日のことです。自分が自分であることの「証拠=記憶」を残しておけば、肉体がほろんでも自分は存在できる、いつまでも生きることができる、と直感的に思ったのです。

記憶は脳にあるらしいので、脳をコンピュータに移して、それを見たり聞いたりするしくみを考案すればいいのだ。記憶の貯蔵庫をうまく操作できるようにすると、永遠の生命も不可能ではないだろう、とひらめいたのです。

こうして、脳に興味をもつようになりました。脳を解明するカギのひとつが「記憶」だとみられていますので、わたしのひらめきは基本的にまちがってはいません。ですが、記憶の機能は脳のはたらきのひとつにすぎないのです。脳にはもっと複雑なしくみがあるのですね。

ヒトの脳は大脳、小脳、脳幹《のうかん》から成り立ちますが、もっとも重要なはたらきをするのは「大脳」です。そこが思考活動の中心的な部分ですから、わたしの研究はおもに大脳のはたらきを見ることになります。高度なはたらきをする大脳に合わせて小脳などもはたらきますので、大脳の活動ぐあいをつかむと、脳全体のはたらきがわかるというわけです。

この大脳は、前頭葉、頭頂葉、側頭葉、後頭葉の四つに分かれていて、それぞれの部分で機能を分担しています。つまり、大脳はひとつのかたまりとしてはたらくのではありません。

そのほかに「言葉の意味を理解しようとする」ウェルニッケ野《や》というところもあります。全体の司令塔が「前頭前野」ですが、これは前頭葉の前方、つまりオデコの後ろにあります。

ほかの場所に命令するのですから、前頭前野が「頭のよさ」のカギを握っています。思考することもコミュニケーションも、意思決定や感情と行動も、さらには新しいものをつくりだす創造性なども、この前頭前野にあるのです。

「コンピュータのなかのコンピュータ」なのですから、前頭前野は、わたしたち人間そのものといってもいいでしょう。

ちなみに、遺伝子から見て人間にすごく近いといわれるチンパンジーの前頭前野は、大脳の五〜一〇パーセントを占めます。人間の前頭前野の割合は異常なほどで、なんと大脳の三〇パーセントも占めているのです。前頭前野を大きくすることで、わたしたちは他の哺乳動物とは比べものにならないくらい複雑で高度な思考ができるようになったのです。

どんな刺激で脳のどこが活性化するか

わたしのブレインイメージング研究は、「脳を知る」研究のひとつです。生きて活動する脳のどの部分に、どのようなはたらきがあるのかを、地図をつくるようにして調べていきます。

つい最近までは、動物の脳や、亡くなった人の脳を調べるしかなかったのですが、わたしは機械によって、生きている人間の脳内に流れる血液の量の変化をとらえ、それを画像にしていきます。このやりかたを、略して「脳機能マッピング研究」ともいいます。

脳をつくるおもな細胞は「神経細胞」と呼ばれますが、小脳もふくめると、だいたい二〇〇〇億個もあります。「脳がはたらく」という意味は、神経細胞が活発にはたらくということですが、そのときに神経細胞は、エネルギーを近くの毛細血管から取り入れます。

たくさんはたらくときには多量のエネルギーを必要としますので、近くの血管のなかを流れる血液の量も多くなります。この血液の量が多くなっている状態を「脳が活性化している」というわけです。血液の量の変化をとらえることで、活性化の度合いをつかみます。

わたしは「頭のいい人」のことを「脳のなかに高速道路をたくさんつくっている人」と定義しておきました。ひとつの神経細胞はいくつもの神経線維という手をのばしていて、神経細胞どうしで複雑なネットワークをつくっています。そのネットワークに何度も繰り返して情報を流してやると、だんだん神経線維が太くなって強度を増していきます。

脳のなかのネットワークをつなぐ神経線維が太くなると、ちょっとやそっとのことでは切れなくなります。しかも、それが網の目のように張りめぐらされ

ると、どんなにむずかしい問題でも、「的確に」しかも「速く」かたづけることができるようになります。
　つまり、脳が活性化すればするほど、しかも司令塔にあたる前頭前野を活発にはたらかせてやればやるほど、情報がすいすい走れる太い高速道路がたくさんつくられ、「よりよい脳＝たくましい脳」に育っていくのです。
　ですが、脳を活性化させるといっても、そのはたらきかけが見当ちがいのものだと、効果は期待できません。
　その効果を確定するには、はたらきかけの内容によって、脳のどの部分が活性化するのか＝血液の量はどのように変化するのか、を調べなければなりません。そのデータを収集する武器が「ポジトロンCT」と「fMRI」という最新の機械です。

「ポジトロンCT」は箱型の機械で、被験者に上を向いて寝てもらいます。そして、音楽を聞いたり計算したりして、そのときの脳がどのように活動しているか、どこがエネルギーをたくさん使っているかを調べるわけです。

手順として、まず加速器で放射能をつくり、実験する人の体に注射します。放射能は脳内の血流の速さを見ることができるタイプのもので、血流が速いところに行くように工夫してあります。

そして、頭のまわりに放射線をはかる円形の感知器を置いて、脳から出てくる放射線を測定し、脳のどこにどれだけの放射能があったかをコンピュータで計算します。数値が高いところほど活発にはたらいたことになりますから、それを色で区別していきます。

データとしては、脳全体のものが三次元データとして出てきます。ところが、わたしたちは三次元のものを知覚するのはむずかしいので、スライスして二次元にします。三次元というのは、空間のように上下、左右、前後の三つの方向のひろがりをもっていることですね。そこから上下の方向のひろがりを排除すると二次元、つまり平面になります。

脳を、首に近い下のほうからてっぺんのほうへと、横にスパッと輪切りにしていって、カラー版の断層写真にして表示します。緑、黄、赤、白などの色がつきますので、どこがエネルギーを使って活発にはたらいたか、すぐにわかります。

ちなみに、放射線を出す物質を放射能というのですが、わたしの実験では人体への危険性はまったくありません。

もう一方の「ｆＭＲＩ」というのは、機能的磁気共鳴断層撮影という機械のことです。この装置では、磁石の力を使って脳の形の写真を撮ります。いまから約一五年ほど前に、超高速撮影法を用いて脳の写真を撮ると、脳の形の写真の上に、脳内の血流量（血のめぐり）の情報が重なって撮れることが発見されました。

そこで、脳の形を調べて立体図をつくり、脳内の血液量の変化をもとにして、脳が活発にはたらいているところに、画像統計処理によって赤と黄による濃淡をつけて、脳のどこがはたらいていたのかを示すのです。

「脳科学の常識」のウソが明らかに

このような最新機器のおかげで、脳をメスで切り開くことなく、どのような刺激が脳をはたらかせるのか、それは脳のどの場所か、などが計測できるようになったのです。こうした実証的な研究によって、これまでまことしやかに語られてきた「脳科学の常識」のウソがはっきりしてきました。根拠のない推論の多くは、もはや時代遅れになってきているのです。

たとえば、「手を使うと頭にいい」といわれてきました。わたしの研究によると、複雑な手の指の運動をすると、単純な運動のときよりも、大脳のいろいろな場所が活発にはたらくのは事実です。ところが、「頭のよさ」と関係している前頭前野はほとんどはたらかないのです。

授業中に眠くなったときに、指先でピアノを弾くような動きをすると眠気が消えるという効果はあるでしょうが、頭そのものがよくなるということはありません。

また、言葉を聞くときに「日本語は左脳で、英語は右脳で」というのも、科学的ではありません。日本人が会話を聞くとき、日本語でも英語でも左右両側の脳を使っているのです。

ラジオをかけての「ながら勉強」というのがありますね。皆さんも昔やったかもしれません。ところが、この勉強のやりかたはよくないのです。

音楽を聞くと、耳に入ってきた音が何の音かを調べる場所だけがはたらき、ほかの部分の活動がおさまります。音楽を聞くと気分が落ち着くのはそのせいでしょう。

ところが、聞こえてくる曲の歌詞の意味を考えたり、口ずさんだりすると、脳のいろいろな場所が活動してしまうので、勉強のための脳の活動をじゃまeconomiることになってしまいます。ましてやDJのおしゃべりに気をとられているようだと、いくら勉強しても脳はまじめに活動してくれません。

読み聞かせは赤ちゃんの脳にも有効

わたしの家には『世界の童話全集』というカラー絵入りの本が三〇巻揃っています。昭和三〇年代の出版ですから、かなりの年代物ですが、わたしがまだ「ことば」を覚える以前に、母が読み聞かせをしてくれた思い出の全集です。わたしのつぎに妹が読んでもらい、そのあとは実家の本棚でほこりだらけになっていたのを、長男が生まれたときにもらってきました。

妻は、まだ長男がおなかにいるころから絵本などを読み聞かせしていたのですが、誕生のあとはわたしの母のやりかたをそっくり真似て、この童話集を読み聞かせるようにしました。

上の子供から順ぐりにですから、読んでやっているうちにつぎの子供を身ごもるという周期を、つごう三回も繰り返したわけです。すでに生まれている子供といっしょに、おなかの赤ちゃんも、妻が読む声を聞いていたことになります。母親とは実にありがたい存在ですね。

四人の子供たちの個性の向きはそれぞれ微妙にちがいますが、この全集がかけがえのない宝ものであることにおいては、ぴったり一致しているようです。

ところで、これまでは人が話す言葉を聞くと「その音が何であるかを判断する側頭葉が活発化する」とされていましたが、わたしの研究によって「思考や感情をつかさどる前頭葉＝前頭前野も活発になる」ことがわかりました。頭によい効果があるのですね。

しかも、まだ読み書きができない赤ちゃんの脳も、読み聞かせではたらきはじめることがわかったのです。わたしが「ことば」を覚える以前から母が読み聞かせをしてくれたこと、妻が子供たちに読み聞かせをしたことは、脳を育てるうえで大きな意味があったのです。

それどころか、おなかのなかの胎児が母親の声などを聞いているというデータが出てきました。きちっと言葉を理解しているかどうか、というのはまだ実証されていませんが、胎児が音を聞き分けているというのは、脳の特性として確実にわかってきたのです。

さらに研究が進むと、ゼロ歳児には、どのような本を、どのような環境で読み聞かせるといいか、わかってくるかもしれません。

そういえば、妻は長男がおなかにいるときに、クラシックと童謡がセットになった「胎教にいい」といわれる音楽を聞いていたようです。それらが脳をどのようにはたらかせるかはまだ手つかずの課題ですが、近いうちに何らかの結論が出るかもしれませんね。

音読で前頭前野はすごく活性化する

同じ文字を読むときでも、「黙読」よりも「音読」するほうがずっと脳を活

性化させることもわかってきました。
目から文字の情報を入力して、それを頭のなかで処理する、というのが黙読という読みかたですね。
それに対して、目からの情報を頭のなかで整理して、それを口から発声し、さらに発した音を自分の耳で聞くのが音読ですから、黙読よりも入り組んだシステムです。
どうやら脳には複雑なシステムを使うほうをよろこぶ性質があるらしくて、音読するときと黙読するときではほぼ同じ場所がはたらくのですが、音読のときにその範囲がさらに広くなるのです。目と口、そして耳を使うのですから、脳がより活発にはたらくのですね。

わたしの研究によると、音読をすると大脳の七〇パーセント以上もの領域が活発にはたらきます。よく「人間は、脳細胞の一〇パーセントしか使っていないので、もっと開発すると天才の脳も不可能ではない」などと書いた本がありますが、それはまったく科学的な根拠のないウソであることがわかります。

また、音読するスピードを上げると、脳がさらに活発にはたらくこともわかりました。一字ごとの拾い読みよりも、できるだけ速く読むほうが脳を活性化させるのです。

この音読による脳の活性化の度合いを決めているのは、「単位時間あたりの作業量」＝「速さ」ではないかと推論しています。

いま小学校では、授業の初めに子供たちに音読させて、それを頭の「準備体操」にする先生がたが増えてきています。二、三分間だけ、「できるだけ速く」音読させると、その後の集中力がぐんとアップするのです。繰り返していると、集中力や記憶力も強化されるはずです。

もちろん、準備体操だけでは不足です。国語の授業では、その文章をしっかり理解しながら音読することが大切になります。そのうえで「暗唱」させるのもいいと思いますが、こちらは覚えているものを口で唱えるだけですから、音読ほどには脳を活性化させません。

子供に本の読み聞かせをすると、読む当人は音読することになります。四十数年前に母がわたしに、ついで妻が息子たちに読み聞かせをしましたが、まず読んでやる側の脳が活発にはたらきはじめ、それが子供のほうに波及していくという構図になります。

昔から「親子のコミュニケーションには本の読み聞かせや、語りかけがいい」と経験的にいわれてきましたが、そこには脳科学のうえでの真実があったのですね。

ところが妻にいわせると、三男あたりには手抜きをしたそうです。おっぱいをやりながら読み聞かせようとしても、眠気におそわれるともう集中できない。そういう緊急時には、「お兄ちゃん、読んであげて！」というピンチヒッター作戦に出たのだそうです。

上の子にはおなじみの本ですから、よろこんで音読してくれたといいます。兄弟で同じものを読みまわしする効果がそんなふうに出てくるのですから、おもしろいですよね。

もうひとつ、長男のエピソードがあります。妻によると、長男が三歳か四歳のころ、例の『世界の童話全集』の〈ひろすけ童話〉のなかにある「りゅうのめの なみだ」と「ないた あかおに」を、ある日突然、妻に向かって語りだしたのだそうです。

妻はびっくりして、仕事中のわたしに電話をしてきました。というのも、このふたつの童話は、かなりのページ数なのです。妻も長男もとくにそのふたつが好きで、何度も繰り返して読み聞かせているうちに、暗記してしまったのですね。読み聞かせを通して、妻と長男は至福の時間をすごしたのかもしれません。

また、前頭前野は「過去、現在、未来」という時間の流れがわかる場所ですから、読み聞かせや音読をさせることで、人物などの因果関係をつかむこと、物語が展開していく時間関係をつかむことがじょうずになることを期待してもいいかもしれません。うまく把握できないようならば、じっくり音読させると、もつれていた関係づけがすっきり整理されてくるはずです。

字を書くと脳のいろいろな場所がはたらく

目で見ただけで漢字を覚えようとするよりも、手で書いたほうが覚えやすいですよね。それは漢字だけではなくて、英語の単語や文章の場合でもいえるので、お父さんやお母さんがたにもすぐ納得してもらえるはずです。

これは黙読と同じですが、目で見るだけのときは「目にしたものが何であるかを調べる」場所である後頭葉がおもにはたらきます。ほかには「言葉の意味を理解しようとする」ウェルニッケ野や、頭のよさに関係する前頭前野の一部もはたらきます。

ところが、目にした漢字を手で書くと、前頭前野がすごく活性化するうえに、「見たものの形を調べる」側頭葉や、ウェルニッケ野がいっそう活発にはたらきます。つまり、字を書くほうが脳の多くの場所を使うので、「速く正確に」覚えられることがわかります。

ここに音読を加えてやると、もっと覚えやすくなるはずです。むかしから「目と手と口、耳をいっしょに使って覚えるといい」といわれてきました。先人の知恵とはすごいもので、いろいろな経験のなかから、科学的に正しいものをつかんでいたのですね。

単純な計算でも前頭前野はすごく活性化する

この「数と脳のはたらき」の研究では、本当にびっくりさせられました。むずかしい計算よりも単純な計算をしているときのほうが、はるかに活発に脳がはたらくことがわかったからです。しかも、一から一〇までの数をかぞえただけで「言葉の意味を理解しようとする」ウェルニッケ野がはたらき、司令塔の前頭前野もすごく活性化するのです。

一から一〇までの数をかぞえるという実験は、まだ数とはどういうものかをよく理解していない幼児によるものばかりではありません。数を巧みにあやつる物理学系の若手の研究者に、声を出さずにかぞえてもらったときでも、そうなのです。

単純な計算というのは一けたの数の足し算などですが、右脳でも左脳でも、前頭前野がすごくはたらきます。そのほか、計算のときにはたらく場所、「目にしたものが何であるかを調べる」場所、「数字の知識のつまった」場所などもはたらきます。

この実験では、大学の名誉教授、大学生、小学生の脳のはたらきを調べましたが、子供たちから物理学の専門家まで、誰の脳もまったく同じようにはたらいたのです。

ところが、ちょっと複雑な計算をすると、脳のはたらきは左脳だけになります。文章題になると、文章を読むせいで「目にしたものが何であるかを調べる」場所と、「数字の知識のつまった」場所がもっとはたらきますが、基本的には複雑な計算のときと変わりません。

つまり、短時間に頭のはたらきを鋭くさせたいときには、数をかぞえたり、単純な計算をしたりするといいことがわかったのです。「百ます計算」なども、その応用のひとつですね。単純計算に集中すると、たった数分間で脳が勉強モードに入るというわけです。

音読による脳の活性化の度合いはスピードで決まりますが、計算では「速く」解くほうが脳がたくさんはたらきます。計算では答えが正しくないと学習の定着になりませんので、「正確に速く」を目標にするといいでしょう。

スウェーデン留学中に、長男に算数のドリルを一年先の内容までやらせたのは、帰国後のことを考えてのことでした。そのもくろみは成功しましたが、それよりも、息子の脳が効率よくはたらくように促してやったことが、最高の成果だったのかもしれません。

ゲーム時の脳と計算時の脳を比べると

わたしは大学院生のころ、コンピュータゲームに打ちこんだことがあります。

妻と三歳数カ月の長男が寝たのを見計らって、音がもれないようドアをきっちり閉めて、スーパーマリオやドラゴンクエストをやりました。息子の前ではやらないでくれ、と妻にきつくいわれたので、部屋を密室のようにして、ひとりでこもってやったのです。

ゲームに夢中な父親の姿を見せたくないというわけではなくて、長男がゲームの音楽をこわがったからなのです。たしかスーパーマリオの第四面の、ボスが出てくるときのメロディだったように記憶していますが、すごく迫力があります。妻のいぶんは、長男がおびえて寝つきがわるくなる、夜中にうなされると困る、父親としてそれくらいの配慮はしてくれてもいいのではないか、というものでした。

その前年、妻とまだ二歳にならない長男をつれて、犬山市の霊長類研究所へ内地留学し、久保田競《きそう》先生に師事しました。当時は、「視覚情報にもとづいて手を細かく動かすと脳がすごくはたらく」という先生の理論が花盛りで、世界じゅうが沸いていたのです。

そこで、「ゲームをやると頭がよくなる」という仮説を立て、一年間の内地留学を終えて仙台に戻ってから、ゲーム中の脳活動を計測しました。

ゲームをすると目から情報が入るし、手先も細かく動かします。久保田理論を検証する素材としてこれほどぴったりなものはありません。

予想どおりの結果が出たら、ゲーム会社と交渉して研究資金を出してもらおうと考えたのです。遊びを研究にまとめ、それでお金を得ようというのですから、まさに一石二鳥です。

ゲームを楽しんでいるときの脳の活動のデータと、退屈なことをしているときのデータを対比するとわかりやすいので、一ケタの数を足していく計算を選びました。もちろん、ゲームをやっているときのほうが脳は活発になっている

という結果が出ると思ったのです。
ところが、予想はみごとに裏切られました。
単純な計算をしているときのほうが、脳のいろいろな場所がはたらく、つまり、脳が活性化して「頭がよくなる」効果があったのです。ゲーム会社への売りこみはダメでしたが、このデータは研究者としての歩みを大きくバックアップしてくれました。
また、ゲームからはものすごい量の映像といろいろな音が流れてきます。長男がおびえたのもそのせいですが、脳のなかでは、目にしたものが何かを調べたり、聞こえた音が何の音かを調べることのほうに、エネルギーが集中的にたくさん使われるのでしょう。

ちなみに、お師匠さまの久保田先生のご自宅にもゲーム機がありました。ランニングが好きな先生は「走る大脳生理学者」として名が知られていますが、お酒にも目がありません。「走る」のと「飲む」のに忙しくて、ゲームをやるヒマなどなかったかもしれません。

類似したものに、プロ級の囲碁や将棋の対戦では、頭のよさにかかわる前頭前野をほとんど使わないというデータが出ています。定石《じょうせき》などを覚えたうえで、図形の認識パターンだけでやっているので、頭の後ろ半分の頭頂葉という場所しかはたらかないのでしょう。

ですが、縁台での将棋などはまた別です。素人《しろうと》どうしの対戦では、勝った！負けた！でがんがん情動が入ってしまいますから、おそらく前頭前野もはたらくことでしょう。

マージャンをすると脳はどうなる？　というのもおもしろいのですが、実験していませんのでわかりません。

川島家には家族マージャンの伝統がありまして、妹は小学校の一年生で点数がかぞえられ、積みこみもできました。お年玉をもらって、マージャンで巻きあげられるというきびしい環境でしたが、それが脳にどんな影響を与えたかはわかりません。

乳児期の親子関係がいちばん大事

子育てとは「脳を育てること」にほかなりませんが、わたしがいちばん大事だと思っていることは、「乳児期での親と子供の関係」がどう保たれるかということです。そこのところが、子供の一生を決めるもっとも大事な要因ではないでしょうか。

しかも、生まれてからせいぜい八カ月から九カ月くらいまでの「濃密な母子関係」が大切なのです。そのあとは、やはり父と母のかかわりが重要になってきますね。近年は単親家族も増えてきているようですが、両親がそろったうえでのはたらきかけが基本ではないかと思います。

時代錯誤だ！　女性蔑視だ！　という声が聞こえてきそうなコメントですが、あえて自分の考えを述べておきたいと思います。

人間の子供は、生れ落ちたときに自分では何もできません。動物のなかではもっとも未熟な状態で生まれてくる生命形態のひとつですが、それにはどのような理由があるのでしょうか。

草食動物ですと、生れ落ちてすぐ独力で草を食《は》むことができます。ところが人間は、親の手を借りないとまったく生きていけません。

それには生物医学的にどういう意味があるのだろうと考えると、母子という語弊があるかもしれませんが、事実として、「母子がかかわりあうことが、人間形成にものすごく重要だ」ということの裏返しになっているのではないでしょうか。

現在の子供たちを考えるうえで、共働きの母親の是非が問われることがありますね。女性も外へ働きにいくべきだという意見と、家で子供の面倒をみるのが大事だという意見とが割れているところが、すごく大きな問題のように思います。

生まれたばかりの子供を保育園などにあずけて、とてもよく見てもらっているからいいんです、というふうに割りきっている父母もいるようですが、わたしはどうしても首をかしげてしまいます。

そこは経済的な理由というだけで処理すべきではないのではないか、もっと子育てとは何であるかを真剣に問うてみる必要があるのではないか、と思っています。

子供の幸せを第一に考えるのであれば、母子は少なくとも最初の一年間は、いっしょに一日じゅうすごすべきだと思いますし、父はその環境づくりに全力を出すべきだと思います。

人工哺乳をして父母の役割を逆にする、もしくは、互いに交代して、という考えも成り立つと思いますが、「動物」としては本質的ではないと思います。

子育ての数年間、ちょっと遠回りする心の余裕がほしいですね。

子育てできるというのはすごく幸運なことで、それを楽しまないと損なのではないか。お母さんというのは非常にすばらしい喜びを得られる特別な立場なのだということを、まず十分に噛みしめて、堪能すればいいのではないでしょうか。

脳科学からすると、父親＝オスというのは、家庭をつくったときには、母親＝メスが安心して子供を育てられる環境をつくるのが役割だと思います。とくに子供と母親がくっついていなければいけない時期＝乳児期にはそうです。そのあと、子供たちが個として確立されてくる幼児期以降になったら、つまり一歳をすぎたあたりになったら、今度は自分というものを見せていろいろな経験をさせてやるのが、父親の役割です。社会のなかに、それも母親が連れていけない場所にひっぱり出すわけです。

わたしの場合は、妻が外に働きに出たいといわなかったという幸運があったので、子育てに専念してもらえました。わたし自身は仕事が忙しくてあまりかかわれませんでしたが、母子の関係はすごく濃密に保つことができたので、とてもよかったなと思っています。

妻が社会に出るチャンスを奪ったといわれると、まさにそのとおりで、申し訳ないと思いますが……。ただ、本人は子育てを心の底から楽しんでいたようです。

うちの家族にとって、スウェーデンへ行けたというのが幸運でした。まさしく子供たちが両親とかかわりあうべき時期でしたので、家族全員ですごく長い時間をいっしょにすごすことができたのは大きかったですね。

とくに三男がいちばんその時期だったのですが、朝は八時くらいに研究室へ行って、どんなに遅くなっても六時には自宅に帰ってこられるという生活を二年間つづけられました。

ですから、上の息子三人にはすごくよかったと思いますが、四男は帰国してから仙台で生まれましたので、もう忙しくて、かわいそうだけど時間がありません。

その四男は、スウェーデンでの家族の写真やビデオを見るのが好きなのですが、ちょっと複雑な気持ちのようです。まだおなかにいたのですから、「お母さんのおなかのおヘソから見てたじゃない、覚えてないの？」などと妻はいってやるのですが、自分がそこにいないので、つまらないようです。

早期教育はせめて三歳をすぎてから

早期教育がずいぶん普及してきていますが、教育関係者などからは、その危険性が指摘されたりすることもあります。何らかの刺激を入れてやると脳が活発にはたらくのは事実ですが、それが「いいことなのか悪いことなのか」は、まだよくわかっていないからです。

わたしは、三歳以前と以後とを分けて考えるべきではないかと思っています。なぜなら、三歳までの脳には、不必要なくらい多くの神経線維をつくり、さまざまな刺激にむやみと反応するという特質があるからです。

いったん脳の神経細胞どうしをつなぐ神経線維をたくさんつくっておいて、三歳をすぎるころから、使わないネットワークを退化させ、使うところは能力を高めていくという作業が行なわれます。

つまり、三歳を境界にして、わたしたちの脳は明らかに変わってしまうのです。

ここからは仮説ですが、三歳までの子供の脳は、遊びなどをとおして、いろいろな刺激を受けて、それをいったん吸収して、必要以上にネットワークを広げます。それが、あとのバランスのよいネットワークの基礎をつくることにつながるのだと思います。

そういう大切な時期に、バランスを失した刺激を入力すると、ほかの刺激への反応が少なくなり、不必要なくらいに広がるはずのネットワークがかたよったものになってしまいます。つまり、ひとつのことだけしかできない脳になってしまう可能性があるのです。

たとえば、二歳ぐらいで文字を覚えるとしましょう。子供は覚えるとほめられるので、もっと覚えます。ところが、それが生活のなかで使われることがありません。記憶はしても「ものごとを考えて、解決していくための道具」にはなりませんので、知識のつめこみに終わってしまいます。それが、ほかの学習への障害になるのではないか、という心配を残すのです。

ですから、三歳くらいまでのあいだは、両親とのコミュニケーションをとおして、少しずつ外の世界にふれ、さまざまな刺激を幅広く受け入れるべきなのです。

友達と遊びながら、砂場でおもちゃの取り合いをしたり、水や土などの感触におどろいたり、熱いものにさわってやけどしそうになったり、それらのすべてが脳の発達を支えていることを忘れないでほしいのです。お父さんやお母さんがそうだったように……。

三歳をすぎたら、それぞれの方針で教育を始めてもいいでしょう。いろいろなことに対応できるだけの脳ができているので、何かを習わせても、そのことだけの脳に固まってしまうことはありません。

ただし、将来のことを早々と決めてしまわないことが大切です。親とのコミュニケーションを基本にすえて、バランスのよい刺激を心がけてやればいいと思います。

脳には、そのときに刺激を受けないと正常な機能が発達しない「臨界期《りんかいき》」というものがあることが知られています。両親があまり話しかけないとか、テレビをつけっぱなしにするとか、家のなかにばかりいて外に出ないというのはよくありません。

生きるうえでのごく当たり前の刺激や欲求をかなえられないのでは、脳がバランスよく育つことはありません。ですが、臨界期についても、まだわかっていないことがたくさんあります。これからの研究の大きな柱です。

この「臨界期」については、思い出があります。スウェーデンに留学したときに長男は五歳、次男は三歳だったのですが、それまでの脳科学の常識では、ちょうど長男ぐらいの年齢のときに英語をしゃべる環境にいるとバイリンガルになる、臨界期だからそうなる——ということがわかっていました。

親がはたらきかけなくても自然にしゃべるようになると思っていましたし、実際のところ、英語圏からの留学生の子供たちにまじって、英語でケンカもしていました。

ところが、いま、その痕跡はまったくといっていいほどありません。ただし、発音はすごくいい。次男も発音だけはいい。日本の英語というのは「読み書き」に偏していますので、そこはトレーニングしないとできるようにならないのですね。

「九歳半の節」と「天才教育」

また、脳には「九歳半の節」というものがあります。その年齢になると、子供型の前頭前野が大人型に変わることをいいます。子供型のほうが効率よく学習が身につきやすいのは事実ですが、脳はずっと成長していきますので、大人型になっても学習したぶんだけたくましく丈夫に育っていきます。とにかく、

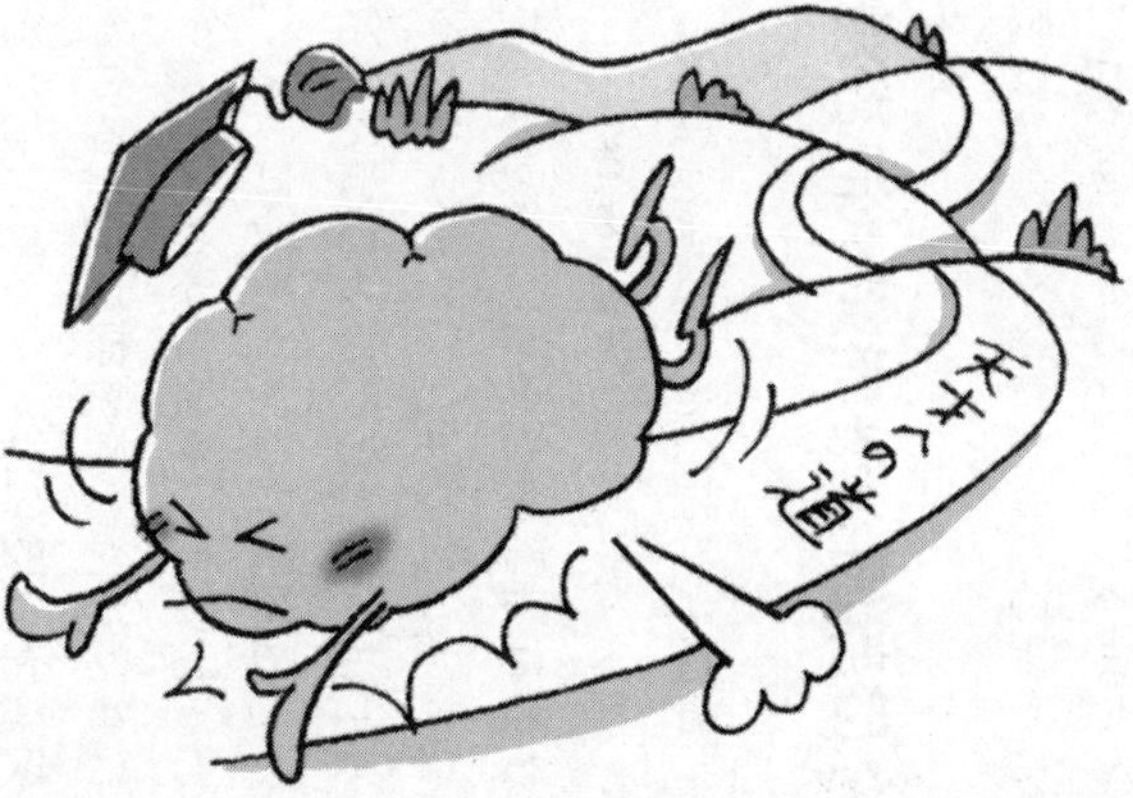

学習に遅いということはないのです。

よく話題にされるものに「天才教育」があります。天才という評価は、つねに多くの人からの、時代を超えた主観的なものなので、自分でなろうと思ってなれるものではない。また、子供のころから自分で天才になろうと思って、成功して天才になった例は聞いたことがない、などといわれます。それなのに、世の中には「天才教育」への欲求がなくならないようです。

そのような考えのまちがいは、目標＝ゴールを設定するところです。たとえば有名大学を卒業してノーベル賞レベルの学者になる、世界的な音楽家に育てる、などですね。

ところが、目標を置いたがために、そこへの道を苦労して探さなければならないし、そこから脱落したらどうしようという不安も克服しなければなりません。その目標をうまく客観視できないことがほとんどなので、他人にはうかがい知れない悩みのもとを抱えてしまいます。

それでうまくいけばいいのですが、うまくいっても幸せかどうかはわからないし、ほとんどが不幸な結末に終わるようです。突き放すようないいかたですが、「なるようになるし、なるようにしかならない」ということを自覚してもらいたいですね。そのほうが親も子供も幸せなのではないかな、と思います。

認知症も改善する画期的な「学習療法」

脳はどのように育ち、どのように機能するのか――これは子供たちをモデルにして実験するわけにはいきません。学習させる子と、させない子に分けるやりかた自体が、許されないからです。そこで、認知症をともなう高齢者を対象にしたらどうかと考えました。

「認知症の人の脳のはたらきは、低下することはあっても、よくなることはない」というのが、医学界の常識でした。ですから、何らかの学習をしてもらって、脳のはたらきが落ちない、上がってきたということが示せると、脳に与える効果が証明されることになります。

福岡県のある介護施設で、認知症をともなう高齢者四四名に「音読や計算」に取り組んでもらったのです。三カ月間、一日一〇分から二〇分間ほどの学習ですが、これが従来の医学の常識をくつがえす結果をもたらしました。

これまで尿意などを伝えることができなかったのに、一カ月の学習を終えた段階で、「トイレに行きたい」と介護者に伝えられるようになり、言動がしっかりしてきて、オムツがとれたという人まで出てきたのです。

しかも、週に二日しかトレーニングしなかった人の場合は、脳機能のよくなりかたが三カ月以降にはゆるやかになってしまうのに、週に四日以上やった人は六カ月をすぎても、脳機能がどんどんよくなりつづけることもわかってきました。やったぶんだけ、脳はきちんと答えを出すのです。

また、公文式の先生がたに協力してもらったところ、認知症が進行していたご両親に計算などをやらせてみると、脳のはたらきがよくなり、かつての尊厳を取り戻して、子供たちといっしょに教室で勉強できるようになったという例がいくつも報告されました。

脳も体の一部ですから、きたえると効果があるはずです。ところが、従来はそこから先が闇のなかでした。そこに突破口が開かれたのですから、どれほど画期的なことであるかわかりますよね。「読み書き」や「計算」が脳の機能をよくし、お年寄りの生活の質が高まっていくのですから、それこそ世の中が変わるかもしれません。

このやり方を「学習療法」と命名しました。

学習療法は、二〇一五年一二月現在、公文教育研究会が運営する「学習療法センター」が母体となって、全国の特別養護老人ホームや老人保健施設、グループホームやデイサービス、有料老人ホームなど全国一六〇〇に及ぶ介護施設において、認知症を患っている高齢者の方に実施されています。

「読み書き」と「計算」の教材を利用して行なっていますが、高齢者の認知症を改善しようというときは、教材だけがあってもうまくいきません。具体的には、「学習療法士（現在は「学習療法育成士」など）」といった資格制度を設け、資格を持っている方が、高齢者とコミュニケーションをとりながら進めます。

子どもたちは「百ます計算」で効果を上げていますが、高齢者にはもっとコミュニケーションのほうに重きを置いています。

教材だけでは達成できないというのは、学校現場でも同じだと思います。教材という素材を使って、先生と子供たちとがどのようにコミュニケーションするかということが教育の本質ではないでしょうか。

人と人とのふれあいによる感動や気づきが、子供たちを学びに導き、大きくはばたかせるのだと思います。これは家庭内においても同じです。

教材だけでも、マニュアルだけでもいけません。認知症をよくするのは音読や計算の教材ではなくて、その教材を介した人と人とのコミュニケーションであることをよく考えてください。人間が不在では、何も始まらないのです。

以下では、この章で取り上げた事柄をもっと深めながら、「研究でつかんだこと」と「家庭で学んだこと」を連動させて、より具体的に展開していくことにします。

第1章

「音読」と「計算」で脳は活性化する

脳科学と教育をつなげる研究

脳科学の常識をくつがえす研究データ

いま、「音読」と「計算」が注目されています。二〜三分間ほど「音読」や「計算」をすると脳のはたらきが活発になり、記憶力や集中力がよくなることがわかったからです。小さなことのように思えるかもしれませんが、この発見が世の中を変えるかもしれないのです。

頭の「準備体操」にぴったりですので、全国の小学校では、まずクラス全体に「音読」や「百ます計算」などをさせてから、授業をスタートさせる先生がたが増えてきているようです。

集中力が高まると、すべての教科の授業がよくわかるようになるので、とてもいいことです。授業がわかると勇気がわいてきますから、子供たちは学校が楽しくなります。ずっと持続していくと、子供たちの「やる気や根気」なども大きく育ってくるでしょう。

急に走りだすと心臓などに負担がかかって、すぐ息があがってしまいますが、ウォーミングアップをしてからだと、心肺機能がスムースになって、ムリがかかりません。脳も体の一部なのですから、直前に「ならし運転」したほうが、うまく機能するというわけです。

わたしはこれまで数多くの実験をしてきましたが、脳科学の知識や技術を用いた教育の研究を始めたのは、一六年ほど前になります。

実は、その数年前に「コンピュータゲームをしているときよりも、計算問題を解いているときのほうが脳がよくはたらいている」と、ある雑誌の取材に答えたのがきっかけになって、脳科学と教育とをつなげる研究に着手したのです。

まず、算数や国語を学習することでヒトの脳が発達するのではないか、という仮説のもとに、いわゆる「読み・書き・計算」をするときの脳のはたらきを調べはじめました。

そして、「音読をすると大脳の七〇パーセント以上もの領域が活発にはたらく」という実験データを発表したのですが、これもたいへん大きな反響を呼びました。

それまでは、高度な思考をしているときのほうが脳は活性化するのではないか、となんとなく推測されていただけだったからです。計算や音読をすると脳が活発にはたらくというのは、脳科学の常識をくつがえすデータでしたから、わたしもびっくりしました。

この発見のカギは「超ハイテク」と「マンパワー」でした。最新の科学機器と生きた頭脳とが結合した成果なのです。といっても、わたしは自分の頭のよさを自慢したいのではありません。脳の謎を解明した主役の一方が、また脳であったという関係をいいたいだけです。

生きたヒトの脳の活動をのぞいてみたい

少し時計の針を逆に回して、わたしの研究のいきさつをまとめてみます。ハイテク機器との出会いと、恩師との運命的な出会い――この二つが脳というワンダーランドへ誘導してくれたのです。このプロセスをたどると、最新の研究成果がいかに画期的であるかがわかります。

わたしの「なぜ？」はすごく簡潔で、生きて活動するヒトの脳はどうなっているのかというものでした。意外なことに、それまで、生きた脳は「のぞく」ことができない未知の領域だったのです。動物の脳を使うと生きたままの実験もできますが、ヒトの脳ではそうはいきません。

なぜ脳をのぞきたいのか？　それは「心は脳のなかにある」と直感していたからです。脳のはたらきを知ると、心の活動がわかるのではないか、と考えたのです。

ずっと脳に興味をもっていましたが、研究への道がひらけたのは、もちろん医学部に入ってからです。ジャンルは大脳生理学になりますが、当時は「痛みの生理学」という講座しかありませんでした。これは痛覚の話ですから、やりたい研究ではなかったのです。

ところが、当時すでに東北大学にポジトロンCT（陽電子放射断層撮影）がありました。これで脳のはたらきがのぞけるとわかったので、ヒトを使った研究をやりたいと思うようになったのです。ですが、生活のメドを立てるのが先ですので、すぐには決断できませんでした。

最終的に、脳の研究をしようと決めたのは、結婚したあとです。医学部の六年生になって、卒業をひかえた夏ぐらいでした。大学院に入って基礎医学として脳科学をやるのは、すでに妻がいる身としては経済的な面でむずかしいのですが、そこに突破口が見えてきたのです。

大学院受験を前にある教室へ下見に行ったところ、その教授は、医学部出身者が医者の立場を忘れたら他の学部卒の人たちに勝てない、というのが持論でした。「大学院に入っても最初は医者のトレーニングをしてもらう」と話してくれたのです。

医者になると収入もついてくるわけですから、家族を養いながら、研究の方向をしぼりこむこともできる。自分の望みはすべてかなえられるわけですから、うれしかったですね。

翌春、医学部を卒業して医師国家試験にも受かりました。大学院にも合格して、医者としてのトレーニングも順調でしたので、ひとまず難問はかたづいたのです。九月には長男が生まれましたが、その育ちぶりも大きなはげみになりました。

ところが、やりたいことがなんとなくある、ポジトロンCTというハイテク機器もある、だがどうしていいかわからない——という時代が二年もつづくうちに、ストレスがたまってきました。どこか離れたところで集中的に研究してみたい、という思いがつのってきたのです。

二人の恩師との出会いと研究への道

指導教授に紹介してもらったのは、犬山市の霊長類研究所でした。サルの研究で世界に名をはせていますが、一般には天才チンパンジーの「アイちゃん」で知られています。

そこには、サルによる大脳研究をしている久保田競教授がいました。その著名な学者が何を考えているのか、それをヒトに適用するにはどうしたらいいのか、それを身をもって学ぶことが脳の謎、とくに脳と心の関係をつかむ道につながるのではないか、と考えたのです。

この国内留学は一年だけという約束でしたが、久保田先生には、サルの脳の神経活動を調べるようにいわれました。アカゲザルの脳に針を刺して、指を動かすという気持ちと、動かすのをやめるという気持ちは、脳のどこのはたらきで起こるかを調べたのです。

その最中に、ローランド先生の論文を読んでショックを受けました。「思考――ものを考えているときの脳活動をとらえる」というもので、自分のオリジナルだと思っていたアイデアなのに、スウェーデンの学者に先を越された！　と歯ぎしりしたい気分でした。

ですが、ものは考えようです。東北大学に戻って犬山での研究を博士論文にまとめながら、ローランド先生に手紙を書きました。同じポジトロンCTによる研究なので、先生のもとで修業してくれれば、自分も研究者としてやっていけるかもしれないと思ったのです。

ローランド先生から「いらっしゃい！」という返事がきたのですが、大学院を卒業したあとでお礼奉公をする慣習があります。一年ほど病院の臨床医をしながら、ひたすら留学資金をためることにしました。長男と次男をかかえた身ですから、まさしく背水の陣でした。

留学したのは平成三年七月でしたが、北欧だというのに気温が三〇℃もあって、暑くて信じられないくらいでした。生後一カ月の三男も連れていますから、かなりの強行軍でした。

そのときの身分は、スウェーデン王国カロリンスカ研究所・客員研究員でした。ストックホルムにある国立の医学部をカロリンスカ研究所というのですが、そのなかにノーベル賞を授与するノーベル財団があります。

すごく大勢の外国からの研究者を受け入れていますので、専用の宿舎がありました。そこに家族五人で住み、わたしは「ノーベル生理学研究所」へ通って研究をしたのです。

ローランド先生はデンマークの出身で、大学を卒業して神経内科の医師になり、脳の研究をするためにカナダのマックギル大学へ留学して研修を受けたという経歴です。その後、カロリンスカ研究所に移ってきました。

修業はとても順調でした。当時、ローランド先生は四十代前半でした。筆頭教授になったばかりで、自分の教室をつくりあげようというタイミングでしたので、研究者とはどういうものか、テーマはどのように設定すべきかなど、学者としてのイロハを教えてもらいました。

最先端のメソッド一式をたずさえて帰国

ところで、ポジトロン（positron）というのは陽電子《ようでんし》です。ふつう自然界の電子はマイナスの電荷《でんか》ですが、陽電子は電子と同じ質量をもち、電荷は逆符号のプラスなのです。加速器をつかって特別にプラスの電子をつくったもの、それがポジトロン（陽電子）です。

脳のはたらきの実験では、脳の血液の流れの速さを見ることができるタイプの放射能の薬をつくり、それを人体に投与します。すると、体の血液の流れの速さにしたがって薬が脳のなかに分布します。脳のなかにも血流がありますから、その薬が脳のなかに入っていくわけですね。しかも、その薬には血液の流れが速ければ速いほど、そのところに行くような性質をもたせてあります。

いろいろな作業をすると、脳のなかのよく使われるところの血液の流れが速くなります。運動をすると、よく使われる筋肉の周辺の血液の流れが速くなるのと同じ原理です。そうすると、よく「使われる＝活動している」ところに放射能の薬が集まるというわけです。

実験では、モデルになる人の脳の外側に放射線の感知器を置き、「本を読む」とか「計算をする」などの作業をしてもらいます。すると脳は活動しはじめますが、作業の種類によって活動するところがちがいますので、感知器は作業ごとの放射能の分布のちがいをとらえます。

脳のどこにどれだけの放射能があったかという分布ぐあいと数値をつかみ、

それを地図のようにするのが、「ブレインイメージング研究」つまり「脳機能マッピング研究」です。

また、CT（computed tomography）というのは、レントゲン写真のような平面の情報を立体としてとらえるように画像をつくる技術のことです。コンピュータの進歩に加えて、それを操作する技術もないといけません。留学する前に「ポジトロンCT」をうまく使いこなせなかったのは、そうしたノウハウがなかったからです。

ですから、研究のための画像を処理するプログラムの一式を、ローランド先生から「分家」というかたちで、セットを全部もらってきて、東北大学に移植して、研究を始めたのです。

帰ってきてみると、わたしの知識は国内では無敵だということがわかりました。世界的に見ても非常に進んだ技術と知識ですから、すぐに国内の学会などで重用されたのです。

こうして、国内でも生きた脳のはたらきを「のぞく」ことができるようになったのです。この「脳機能マッピング研究」はまだ新しい領域ですので、わたしが、わが国における最古参の研究者のひとりにかぞえられています。

これが、研究のあらましです。いま振り返ると、波乱万丈とまではいきませんが、毎日が謎解きとスリルの連続でしたので、あっという間のことだったようにも感じています。

わたしの原動力は、前向きな性格だろうと思っています。わたしは自分のことを運がいいと思いこんでいる人間なのです。夢を求めて、いろいろな先生がたと出会って、どんどんいい方向へと転んでいるのだというふうに信じているのですね。ポジティブ・シンキングこそが、わたしの脳をたくましくしたのだと思っています。

音読と黙読の脳内システムのちがい

大脳の四つの場所のはたらきについて

ここで、大脳の四つの場所の機能についてまとめておきます。前頭葉、頭頂葉、側頭葉、後頭葉は、それぞれの部分ではたらきかたを分担しているわけです。

●前頭葉↓おでこの後ろにあり、体を動かす「運動野」、言葉をつくりだす「ブローカ野」、大脳のなかでもっとも大切なはたらきをする「前頭前野」があります。

●頭頂葉↓頭のてっぺんにあり、さわられたことを感じる「体性《たいせい》感覚野」、身のまわりにあるものの位置や方向を調べる「頭頂連合野」、計算をする「角回《かくかい》」があります。

●後頭葉↓頭の後ろにあり、ものを見る「視覚野」があります。さらに、もっと複雑な目からの情報を処理する「高次視覚野」もあります。

●側頭葉↓頭の横、耳の奥にあります。聞こえた音が何であるかを調べる「聴覚野」、見えたものの形を調べる「下側頭回《かそくとうかい》」のほか、いろいろな記憶がしまわれている場所もあります。

そのほかに、側頭葉の後ろと頭頂葉の下のほうが重なる場所に、言葉の意味を理解しようとする「ウェルニッケ野」があります。脳は、このように場所によってはたらきがちがいますが、これを脳科学では「機能局在」と呼んでいます。

この四つの葉は成長のしかたにちがいがあり、後頭葉、頭頂葉、側頭葉、前頭葉の順に表面積の成長がはやく終わっていきます。もっとも大切な「前頭葉」の成長がいちばん遅く、なかでもいちばん大切な「前頭前野」は二〇歳くらいでようやく完成します。

手を動かすとか、手でさわったものが何であるかを判断したり、ものを見たり聞いたりというはたらきは、生まれてすぐに、脳のなかで大人と同じようになります。その後、いろいろな機能が少しずつ加えられていって、最後に「前頭前野」ができあがるのですね。

ところで、よく「脳細胞は一日に一〇万個ずつ死滅する」といわれます。二〇歳のころの大脳の神経細胞は約一四〇億個ですが、九〇歳まで生きると、その七〇年間に約四六億個減少する計算になります。つまり、一日あたり約一八万個も死んでいくことになります。

その数字はどうあれ、年齢とともに脳の神経細胞が死んでいくのは事実です。しかも、死ぬ率は女性よりも男性のほうが高いのです。といっても、心配することはありません。

神経細胞の数よりも、その神経細胞がのばした手、つまり「神経線維」の数と太さが脳にとって大切です。脳のネットワークをつくるために、いくつになっても学習をつづけていけば、年をとってもそんなにおとろえません。つまり、脳の老化は防げるのです。さらに最近の研究では、脳神経細胞も再生して増えることがわかってきました。

話が先走りしてしまいましたが、いろいろな作業ごとの脳のはたらきかたを考え、お子さんへのかかわりを工夫し、そしてご自身の脳もたくましくすることが大事でしょう。ヒントはたくさんあるはずですので、やわらか頭で読んでいってください。

黙読しても頭のなかで自分の声を聞いている

わたしたちが日本語を「黙読」すると、まず「目にしたものが何であるかを調べる」後頭葉がはたらいて、「これは文字だな」とわかります。後頭葉には、ものを見る「視覚野」があり、目に映ったものはすべてここに送られて、これは何だ？　と調べるわけですね。

つぎに、「目を動かす指示をする」前頭眼野《がんや》がはたらき、文字を目で追っていきます。この前頭眼野は、前頭前野の上方にあって、特別に目への指令をつかさどります。

それから、「言葉の意味を理解しようとする特別なはたらきをもつ」ウェルニッケ野がはたらいて、どんなことが書かれているのかを考え、意味がわかるのです。

もちろん、前頭前野もはたらきます。ここは、ものごとを考えたり、覚えたりするときにはたらく司令塔ですから、めざましく活動するのは当然です。

そして、意外なことに「耳から聞こえた音が何であるかを調べる」聴覚野もはたらいているのです。声を出していなくても、目から情報を入力すると、わたしたちは頭のなかで声に出して読んで、その自分の声を聞いているのです。

英語の黙読では脳がはたらく範囲が広くなる

つぎは英語を考えてみましょう。英語を黙読すると、日本語のときとほとんど同じ場所がはたらきます。ところが、はたらいている範囲が、日本語のときよりもさらに広くなります。とくに右側の脳が、日本語を読むときよりも、よく活動します。

英語ですと、日本語を読むときよりも、言葉の意味や文の構造などを考えながら読むことになりますよね。接続詞がどうした、関係代名詞がどうした、指示代名詞が何をさすのか、などと考えてしまいますので、ふだんから英語の研究論文などを読み慣れているわたしでも、スラスラとはいきません。それで、たくさん脳を使うことになるのです。

ここで判明したのは、日本人が日本語を読むときと、外国語の英語を読むときの脳の活動のちがいは、英語のときにその範囲が広くなるぐらいしかないこ

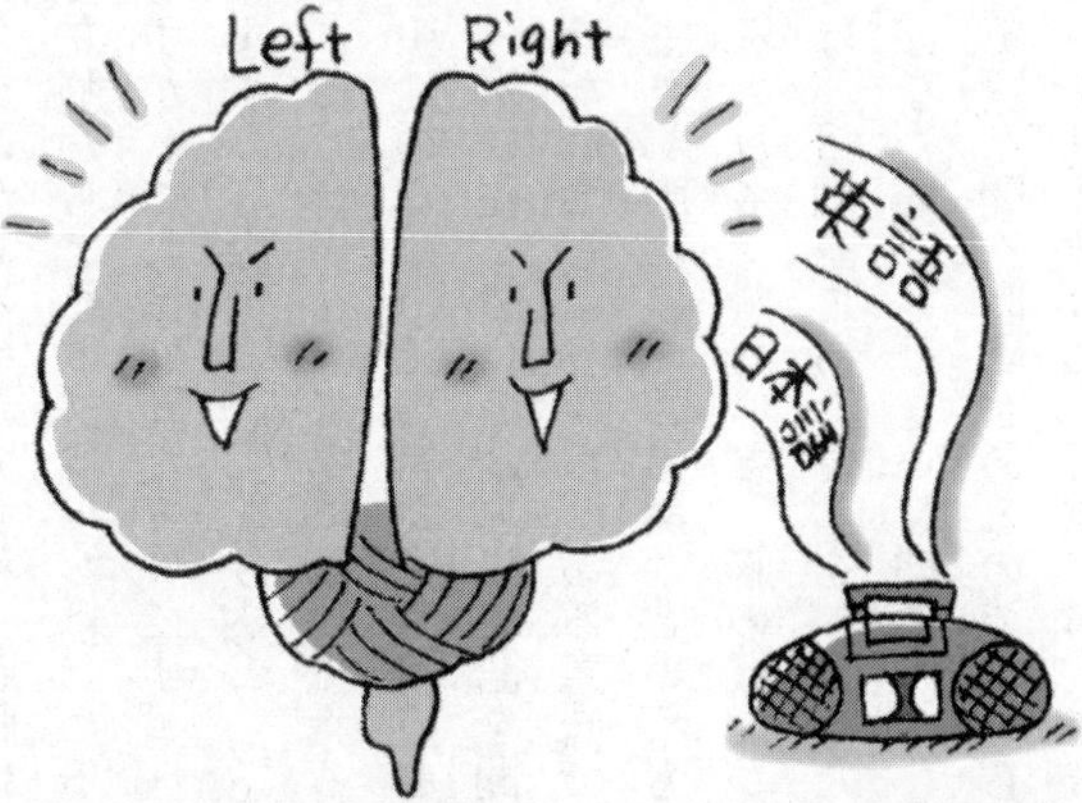

とです。しかも、日本語のときでも英語のときでも、右側の脳も左側の脳も、よく使われるのです。

よく「日本語は左側の脳を使い、英語は右側の脳を使う」などと書かれた本があるようですが、それはウソです。わたしたちの脳は、そんなに単純ではありません。

結論を急ぐようですが、英語を読むときでも英語を聞くときでも、わたしたち日本人は左右両側の脳をたくさん使っているのです。

まだ幼児のころから英会話のＣＤをずっと聞かせて、英語を入力する教育システムがあるそうですね。右脳に情報をインプットしてやると、しばらくして左脳からアウトプットしはじめる。つまり、英語を話すようになるというのですが、これは疑問だらけです。

まず、「英語は右脳からインプットされる」というのは、正しくありません。

つぎに、音声として脳に入ってくる言葉が意味をもち、脳に宿るためには、日常生活のなかでその言葉をつかう必要があります。

日本に住んでいる幼児に英語を聞かせても、日常生活で英語をつかうチャンスはないでしょうから、ある意味で、ムダだと思います。

また、脳には「臨界期」というものがあり、もっとも適した時期に適した刺激を入れてやらないと、脳の機能が発達しなくなります。乳児から幼児にかけては、母国語である国語を、親がたくさん話しかけてあげることで、刺激してあげなくてはいけない時期です。

英語を聞く時間があるのでしたら、たくさん話しかけてあげてください。とにかく早期教育には慎重であってほしいですね。

脳科学からすると、ある刺激を入力してやると「脳にいい」というのはデータから簡単にいえます。ところが、それをすると「どんな悪いことがあるのか」をきちんと検証しないかぎり、実行するわけにはいかないのです。

ちなみに、右利きの人では、「左脳」は言葉を理解したり、しゃべったりするための脳だと考えられています。一方の「右脳」は、言葉を使わないで、顔の表情やしぐさを使うコミュニケーションを理解するための脳なのではないか、とわかってきました。

また、病気などで一方の脳のはたらきがうまくいかなくなると、反対側の元気な脳がそのぶんまで、たくさん活動しはじめることがあることも、研究によってわかっています。

要するに、ふだんは右脳には右脳の仕事があり、左脳には左脳の仕事がありますが、どちらかの活動に赤信号がつきかけると、左右たがいのぶんまで活動する力をもっているのです。

音読すると大脳の七〇パーセントが活性化する

つぎは「音読」を考えてみましょう。日本語の文章を声に出して読むと、黙読したときとほぼ同じ場所がはたらきますが、全体的にその範囲が広くなります。とくに「ものごとを考えたり、覚えたりするときにはたらく」前頭前野や、「言葉の意味を理解しようとするときにはたらく」ウェルニッケ野が、よりたくさん活動します。

その活動する範囲は、大脳全体の七〇パーセント以上にもなります。それほど多くの神経細胞が、いっせいに活発化するのです。実のところ、わたしはこの音読ほど脳が活性化しているのを見たことがありません。それこそ数百にものぼる実験のなかで、一番なのです。

そして、英語の文章を声に出して読んだときも同じなのです。中学校での英語の習いはじめから、先生に「声を出して読みなさい!」といわれたと思いますが、それは文章を音読することの効果に、多くの先輩たちが、なんとなく気づいていたためかもしれません。

音読によって脳が活性化するということは、単純にいえば、脳の血のめぐりがよくなるということです。ですから、頭の「準備体操」にぴったりなのです。むずかしい内容の学習をする前に、まず音読をすると、勉強に向けての集中力などが高まるのです。

ところが、文字の並びをでたらめにした「文章になっていない文章」を音読しても、脳はやはり活性化します。つまり、その文章に書かれている内容がわからなくても頭の準備体操になるのですから、つぎのステップとして、理解しながら音読することが大切になります。

しっかり音読すればするほど脳がはたらきますから、サッと読んだだけでは意味をとりちがえるような内容の文章でも、少しずつ正確に読みとれるようになるはずです。

この音読の効果は、かつてはよく知られていたのです。時代劇での寺子屋のシーンでは、子供たちが大きな声で本を読んでいます。おそらく「論語」などを素読《そどく》しているのでしょう。

この素読というのは、その意味を考えないで、文字だけを声を出して読むことだといわれます。しかし、音読すると前頭前野やウェルニッケ野がはたらくのですから、おのずと意味を考えていることになりますね。

文章を読むこと、とくに音読することは、脳をきたえて、たくましくしてくれます。それが科学的に証明されたのですから、子供たちに読書をさせて、それを習慣にしてやるのが、親の務めでしょう。そこへの近道は、まずお父さんとお母さんが文字に親しむことです。

大人のかたがたにおすすめしているのは、毎日かならず一〇分くらい、新聞を声に出して読むことです。指で一字ずつ拾っていくのではなくて、できるだけ速く読むようにします。そうするだけで、脳の全身トレーニングになるのです。

暗唱では音読ほど脳は活性化しない

「暗唱」というのは、そらで覚えていることを口に出してとなえることですが、こちらは音読ほど脳を活性化させません。頭のなかに保存しておいた情報を、口から出して「再生」するだけですから、脳がはたらく領域が、音読に比べて少ないのです。

言葉には、字で伝える「文字的言語」と、音で伝える「音声的言語」という二つの側面があります。この二つは、脳のなかで、別のシステムを使って、入力された情報を処理しています。そのため、音読と黙読、暗唱などによる脳の活性化の度合いがちがってくるのです。

たとえば「音読」のときには、まず文字を目で読んで情報として入力し、それを声として口から出して、さらに出した音を自分の耳で聞くことになります。

つまり、文字的言語のシステムと音声的言語のシステムを同時に使うので、脳のより広い範囲がはたらくのです。

それに対して「黙読」のときは、文字的言語のシステムしか使いません。また、「暗唱」のときには、文字的言語の入力がありません。どちらも、音読ほど脳をはたらかせないのです。

ことわざに「門前の小僧習わぬ経をよむ」とありますが、耳から情報を入力しているうちに覚えてしまうことをいうのでしょう。ですが、どうせ暗唱するのなら、音読を繰り返したうえで覚えたほうが、ずっと脳を活発にはたらかせます。

では、「文字を読んで、書く」とどうなるでしょう。このときの文字的言語の情報は、まず目から入力し、頭のなかで処理して、出力するときには手を使いますね。ということは、「目にしたものが何であるかを調べる」後頭葉がはたらき、そこから「手を動かす」前頭葉に向かって情報が伝えられる、という回路になります。

さらには、これに「音読を加える」と、もっと脳が活性化することになります。音読して、その声を自分の耳で聞きながら、手で書き、その文字の書きぐあいを目で確認するという作業になります。文字的言語と音声的言語のシステムをフルに使うので、覚えやすいはずですね。

学校の先生に工夫してもらいたいのですが、黒板に書いたことをノートにただ写させるよりも、先生が話したことをノートに書かせるほうが脳はよくはたらきます。耳で聞くと音声的言語のシステムを使い、手で書くことで文字的言語のシステムを使うからです。

文字をしっかり読むならマンガも悪くない

中国の古い言葉に「読書百遍《ぺん》義《ぎ》自《おの》ずから見《あらわ》る」というのがあります。書を繰り返して読めば、その意味は自然にわかるようになるということで、書物はむやみに多く読み散らさず、熟読しなさいと説いたものといわれます。

つまり、乱読をいましめたのですね。

ですが、「乱読」がよくないとは思いません。わたしは中学生のころから、小説と名のつくものは何でも読みました。両親の大きな本棚がわたしの部屋にあったので、勉強しているふりをして、眠くなったとき以外のほとんどの時間を読書についやしました。

読んでおもしろい作家がいると、その文庫を買い集めました。片っぱしからですので、まさしく乱読でした。夏目漱石や森鷗外にはじまり、井上靖のつぎは川端康成という読みかたです。吉行淳之介や柴田錬三郎にまで広げたのですから、むちゃくちゃですよね。

そこまで夢中になったのには、もうひとつ理由があります。当時とても人気があったラジオの深夜番組の読者コーナーに送ったハガキを読んでもらいたくて、おもしろくて、よい文章を書きたかったのです。

目立ちたがり屋だったので、なんとか人気のＤＪに読んでもらいたくて必死でした。いろいろな作家の作品をじっくり読みこんで文章の構成などを学ぶうちに、自分の筆力が育つだろうと考えたわけです。

この乱読は、大学受験のときに効きました。体系立った読書はしませんでしたが、すごい量をこなしたのは事実ですから、読解力に自信が生まれて、現代国語でほとんど失点しなくなりました。

また、うちの四男は本を読みはじめるとてものめりこむタイプで、感動のあまり涙をポロポロ流したことがありました。

このような感受性は、妻の読み聞かせで育ったのでしょう。本の一節を読んでやって、「つぎはどうなるのかな?」などと話しかける、その繰り返しが効いたように思います。

また、マンガも脳には悪くないですね。

わたし自身は中学生のときまで読んだことがなかったのですが、高校に入って予備校に通うようになってから、電車のなかで読みました。吹きだしのなかのセリフをきちんと読んでいけば、脳はかならず活性化します。

文字をでたらめに並べた「文章になっていない文章」を音読するだけで脳が活発にはたらくのですから、ストーリーのあるマンガにはもっと効果があるはずです。文字を読むことに集中するのが脳にいいわけですから、テレビやゲームよりずっといいに決まっています。

しかし、絵をパラパラッと見るだけではダメです。最近、マンガを読んでいるときの脳の活動ぐあいを測定してみましたが、やはり文を読むときほどには、前頭前野ははたらいていませんでした。

耳で「聞く」ときの脳のはたらき

日本語でも英語でも左右両側の脳がはたらく

わたしたちが日本語の会話を聞くと、「言葉の意味を理解しようとする」ウェルニッケ野や、「聞こえた音が何であるかを調べる」聴覚野がはたらきます。もちろん、全体の司令塔の「ものごとを考えるときにはたらく」前頭前野もすごく活性化します。

ここで意外なのは、「目にしたものが何かを調べる」視覚野もはたらくことです。話し言葉を聞いているだけなのに、ものを見る場所が活性化するのは、その話された内容を「頭のなかで、情景のようにして思い浮かべている」からなのです。

英語を聞いているときも、ほとんど同じです。わたしたち日本人が会話を聞くときは、日本語でも英語でも、左右両側の脳を使っているのです。すでに「音読」のところで考えましたが、「英語では右脳を使い、日本語では左脳を使う」というのは正しくありません。

もうひとつ、英語よりも日本語を聞いたほうが「目にしたものが何かを調べる」視覚野がよくはたらくことに、すごく興味を引かれます。

これは、日本語だとスムースに意味がとれて頭のなかに入ってくるので、会話の内容をいろいろな情景として浮かべることができるからです。ところが、英語だと内容を理解するだけで精いっぱいですから、情景を浮かべる余裕がないのでしょう。

ここで、子供への「読み聞かせ」について少し考えておきましょう。例の『世界の童話全集』はわが家の宝ものですが、そのような全集である必要はありません。お母さんが読んで〝おもしろい〟本でいいのです。ただし、年齢にそぐわないものだと逆効果です。

　また、うまく読もうとしなくてもいいのです。内容の流れに区切りをつけて、「すごいね！」などと、情景を思い浮かべやすいように話しかけてやればいいのです。すると、子供たちは脳をいっぱいを使いますから、すごく順調に発達していくことができるのです。

音楽を「聞く」ときの脳のはたらき

　耳で聞くものには、音楽もあります。実験で使う音楽としてクラシック音楽とポップス音楽を選び、さらにクラシック音楽はオペラではないもの、つまり歌詞のないものにしました。一方のポップス音楽には歌詞があります。つまり、言葉のメッセージがあります。

　目を閉じて音楽を聞いていると、クラシック音楽でもポップス音楽でも、「聞こえた音が何であるかを調べる」聴覚野だけが集中的にはたらきます。そして、メロディーや音色をよく聞こうとすると右側の脳が、歌詞を聞こうとすると左側の脳がはたらきます。

言葉を聞くときとちがって、他の場所はほとんどはたらきませんから、音楽を聞くと気分が落ち着くのでしょう。ところが、歌詞が気になってその意味を考えてみたり、ハミングしたりすると、脳のいろいろな場所がはたらきはじめます。

勉強中に音楽をかける人がいますが、あまり感心しません。クラシック音楽であっても、メロディーや音色が気になると、脳のいろいろな場所がはたらきはじめるので、勉強のじゃまになります。ポップス音楽は言葉のメッセージが、劇的な音響とともに、がんがんやってきます。

そのような音の波状攻撃を受けながら勉強しても、頭に入るはずがありません。

さらに脳が活発にはたらいてしまうのは、ラジオやテレビから会話や歌詞が聞こえてきて、それが気になって聞こうとするときです。これほど勉強のための脳の活動をじゃまするものはありませんので、子供たちが勉強しているときは、お母さんはスイッチを切りましょう。

このことは、すぐに実験ができます。新聞を読むときに、テレビをつけてみるのです。きちんと読もうとすると、テレビで何をいっていたのかを覚えていません。それはテレビの音に注意が向かないように、脳がはたらいたためなのです。

音はこれほど脳に影響を与えるのですから、工事の騒音などで集中できないときは、耳せんをするといいでしょう。論文を書くとき、わたしは耳せんをします。音によって脳の活動がじゃまされることがないので、すごくはかどります。

おなかのなかの胎児も音を聞いている

最近のデータでは、「胎児が音を聞いている」というのがきっちり出ています。五～六カ月の胎児の大脳の構造は完成に近づきますので、おなかのなかでお母さんの話すのを聞いているのです。ただし、言葉を理解しているのかどうかは、まだわかっていません。

ですから、「胎教＝子宮内学習」については、よくわかっていないのです。あれがいい、これがいいと経験的にいわれていますが、まだ本格的に科学のメスが入っていませんので、これから少しずつ解明されていくとしかいえないのですね。

妻は、おなかの長男にも聞かせるというか、自分の気持ちを落ち着かせるためか、よく音楽を聞いていました。クラシック音楽と童謡とがセットになっていて、いわゆる胎教用に市販されたもののようですが、無事に出産したのですから効果はあったのでしょう。

英語ラボの効果はヒアリングだけ

聞くことに関連しますが、わたしは小学校の四年生から英語ラボ

(laboratory)に行かされました。ネイティブが話したテープを聞きながら、英語を覚えるという形式のものです。中学校を卒業するまで通ったのですが、それはまったく成績の上昇につながりませんでした。

高校に入ってからも英語のテストはすごく悪くて、ある大学入試向けの模擬試験を受けたところ、全国でビリから六番か七番でした。あまりのひどさに、さすがにヘコみました。

それでも、大人になっても英語のヒアリングはあまり苦痛ではありません。それはたぶん、英語ラボをやっていた効果だろうなと思っています。とにかく聞きとるのはずっと得意だったのですが、単語を覚えるという勉強をしなかったので、点数はよくなかったのです。

英語は、書くのも全然だめでした。つぎの項で「書く」ときの脳のはたらきを考えるのですが、先回りしていいますと、わたしは手で書いて覚えることをしなかったのが、英語の成績が低迷した最大の原因だろうと思っています。

これもついでですが、得意だった教科は算数（数学）と物理でした。なぜ得意だったかという理由は、はっきりわかっています。覚えるものが少ないからです。ちょっとした公式だけを覚えてしまうと、あとは勉強しなくても、算数（数学）と物理は点数がとれるはずなのです。

高校までの物理というのは、ニュートンの物理までいかないくらい、単純な、直線的な物理ですから、これはもう得意でした。ですから、わたしは算数（数学）や物理で点数がとれなくて「わからない！」という連中のことが、わかりませんでした。

小学生のときは、ゲンコツを食らいながら、父に少し算数と物理を教えてもらいました。でもそれとは別に、コツコツと勉強しながら覚えるというのが苦手だったので、さてどうしようと考えたところ、ラクして点数がとれるのが算数（数学）や物理だと気づいたわけです。

大学入試レベルの数学というのは解法のパターンが決まっていますから、それを覚えてしまうと、もう頭はいらないのです。ほとんどの受験生は、「パターンが決まっている」ということに気がつくような教育をされてこなかったのかもしれません。

わたしは、「ある原理があって、それをどうにか自分でがんばって応用すれば、何でもできる」というのが経験でわかっていました。ですから、その場で考えてなんとかするわけです。

大学の入試問題でひねってあるといっても、そのひねりかたはどうしても人間の考えることですから、たわいもない類型化のパターンからはみ出しません。「こうひねってあるときは、この原理をこうひねって使えばいい」というのはもう反射神経的にわかっていました。

ここで思い返すと、わたしが学んだ国立大附属小学校、中学校という教育環境が、そういう数学的センスのようなものを養ってくれたのかな、という気はします。このあたりは、第3章でもう少し考えてみようと思います。

文字を「書く」ときの脳のはたらき

手で書くと脳が活性化して覚えやすい

手で漢字を書きながら覚えようとすると、右利きの人では、「右手の手指を動かす」左側の脳の運動野や、「ものをさわっていることを感じる」感覚野がはたらきます。

そのほか、「見たものの形を調べる」側頭葉が左右ともはたらきます。むずかしい漢字だとますます活発にはたらくのです。また、「言葉の意味を理解しようとする」ウェルニッケ野もはたらきます。もちろん、前頭前野もすごく活性化します。

ところが、漢字を目で見るだけで覚えようとすると、全体に脳がはたらく範囲がせまくなります。「目にしたものが何であるかを調べる」後頭葉が活発にはたらきますが、これは手を使わないぶんだけ、目でしっかりとらえようとするからでしょう。

そのほかに、左側の脳のウェルニッケ野も少しはたらきます。「言葉の意味を理解しようとする」場所ですから、当然ですね。そして前頭前野の一部もはたらきます。

こうして、手で漢字を書きながら覚えようとするときと、目で見るだけで覚えようとするときを比べてみると、字を書くほうがはるかに脳を活性化させることがわかります。

すでに「暗唱」のところで考えておきましたが、言葉には、字で伝える「文字的言語」と、音で伝える「音声的言語」という二つの側面があります。目で文字を追って入力して、字を書いて手から出力すると、文字的言語のシステムが使われたことになります。

目から入力するだけではシステムの使いかたが中途半端ですから、脳のはたらきも、手で書くよりも少なくなりますね。ですから、新しい漢字などを覚えるときには、手で書きながらのほうが脳がたくさんはたらいて、速く正確に覚えられるのです。

ずっと経験的にいわれてきたことですが、「手を使って書いて覚えろ！」というのは、本当なのです。脳科学からも正しいことが証明されているのですから、面倒くさがらずに、手で書くようにしたいものです。

「手で書かないと覚えられない」というのは、わたしの経験からもいえます。英語の単語もそうでしたが、漢字を書くのもすごくいやだったのですね。単語や漢字を目で読むだけで覚えようとしていたのですから、横着というか、かなり無謀なやりかただったのです。

これも「音読」と「暗唱」で考えたことですが、「手で書きながら、さらに声に出して読む」というやりかたがいいのです。ぜひ試してみてください。

漢字は反復練習でようやく身につく

「百ます計算」などで知られる陰山英男先生が、兵庫県の小学校に勤務されていたころの話です。先生の漢字指導の対策は、

一、新出漢字の指導は一度早めに終える
二、何度も復習させる
三、熟語に注意し、いろいろな使い方を覚える
四、三学期には総まとめをする

（『本当の学力をつける本』より）

というものでした。これを学校全体で実行したのですが、子供たちが読書でつまずくのはたいてい漢字だと考えておられ、新出漢字は二学期末までを最低ラインとして、ゴールデンウィークまでにはすべて覚えさせてしまうことを目

標にされたようです。

先生は、熟語に注意して、音読を繰り返してやらせることをベースにしていました。音読を繰り返していると、子供たちは文章を暗唱してしまうといいますから、文の構造などの文法的な知識も身についてしまうようです。

社会の授業でもまず音読から入って、手で漢字を書かせたそうです。その学年の配当漢字ではないからといって「ひらがな書き」したのでは、知識として十分とはいえません。慶応義塾の福沢諭吉、立憲改進党の大隈重信などが書けること、それが学力というものでしょう。

反省ばかりで申し訳ないのですが、わたしは手で書くトレーニングをあまりしませんでしたので、学生のころは漢字の書きとりでよく失点しました。

ですが、いま脳科学の立場から「手で書く」ことの効果を明らかにしたのですから、「漢字は手で書きなさい！　何度も書いて覚えなさい！」と胸を張っていわせていただきます。

幼児の「パターン的な覚えかた」の意味を考える

ところで、幼児には「漢字をパッと見せると、それをパターン的に覚える」という性質があります。なぜか人間には、ものの形にとても興味をもつ時期というのがあるのです。

たとえば、車を見るとその車種名がすぐいえる、電車の名前が全部わかっている、飛行機の名前がそらでいえる、などという子供がたくさんいます。そのような興味を漢字に向けてやることもできますね。

とくに、本などで文字にいっぱい接した子供は、興味が文字のほうへいくというのはあります。ただし、それがいいのか悪いのか、という評価はまだ出ていません。これからの課題ですし、もしかしたら、永遠に評価は出ないのかもしれません。

逆に、そうした子供たちの特質を、どういうふうに教育に生かしていくかと

いう方向になるのかもしれません。本当に、これからの課題なのです。
　ですが、わたしは意識して、うちの子供たちに教えようとしたことはありませんでした。子供たちが興味をもてばやらせたと思いますが、子供たち自身が興味をもたないことを、親があえて強いることはしませんでした。
　これも例ですが、子供に「鳥」という字を見せてもなかなか覚えないけれども、「鳩」という字はすぐ覚えるといいます。
　この「鳥」というのは抽象語ですから、意味をつかませるのはむずかしい。

ところが「鳩」だと具体的に絵や写真などで示せるから覚えやすい。だから、「鳩」から教えてもかまわないのだ、といわれたりするようです。

これは、漢字の本質をとらえた話ではあります。漢字というのは表意文字ですから、一対一で意味が対応する形、つまり記号です。「鳩」という記号に実物のハトの絵などをくっつけてやれば、それがハトの認識になりますから、子供は覚えやすいのでしょう。

ただ、そういう教えこみを幼児期にやるのがいいのかどうかは、また別の話です。そこから先は脳科学のメスを入れてからでないと、不用意には語れないということです。

正しい「読み・書き・話す」に必要な文法中枢

わたしたちが「読み・書き・話す」を正しいものにするためには、文法が必要です。文法のような規則的な構造をもった文を使うのは人間だけなのですから、脳のなかに文法をつかさどる場所があることになります。

文法のまちがいには、いろいろなタイプがあります。語順がどうだとか、助動詞の活用形がどうというものですね。実験では、そのまちがいによって脳のどこが活性化するのかを調べることになります。

たとえば、あやまりのある文章を聞いたときに、「言葉をつくりだす場所」のブローカ野が活性化する、と指摘しただけではまったく不十分なのです。

わたしの研究によって、そのまちがいの種類によって、脳の活性化する場所がちがうことがわかってきました。脳のなかではかなりロジカルに文法の構造を解析しているところがあり、しかもそれはひとつの場所だけではないのです。

文法をまちがえた文章を聞くと、脳のなかのいくつかの場所が同時にはたらいて、しかもそのはたらきぐあいの強さのちがいによって、判断をしているのです。

「単純な計算」をすると脳はよろこぶ

数をかぞえるだけでも脳は活動する

「お風呂の算数」というのがあります。湯につかりながら、子供に一、二、三と数をとなえさせて数をかぞえるものです。よく温まってから出るように、という親心なのでしょう。

百くらいまで数詞をとなえられても、おはじきなどに一個ずつ指をあててかぞえられなかったりするので、数の学習とは別ものだといわれたりします。ですが、ほとんどの子供が通る道であるのはまちがいないでしょう。

これと同じことを、原子核物理というむずかしい研究をしている大学の助教授にやってもらって、脳がどのようになるかを実験しました。ただし、声には出さずにです。声を発して、それを耳から聞く、音声的言語のシステムが使われるのを封じたのです。

数についての専門家ですので、脳はほとんど活動しないのではないか、という予想もありましたが、とんでもありませんでした。一から一〇まで数をかぞえるだけで「言葉の意味を理解しようとする」ウェルニッケ野がはたらき、前頭前野も活動しはじめたのです。

右側の脳も左側の脳もともに活動しますが、「ものごとを考えたり、覚えたりするときにはたらく」前頭前野がたくさんはたらくのは意外でした。

つぎに、3＋4とか、6－2とか、5×7というような、一けたの足し算、引き算、かけ算をやっているときの脳のはたらきを調べました。小学生にもやさしい問題ですから、大学の物理学の名誉教授から、大学生、中学生、小学生まで、幅を広げて実験したのです。

すると、右脳も左脳も、前頭前野がすごく活発にはたらくことがわかりました。「計算するときにはたらく」角回もはたらき、計算問題を目で見ていますから「目にしたものが何であるかを調べる」後頭葉の視覚野もはたらきます。さらに、「数字の知識がつまった」下側頭回という場所もはたらいています。

また、かけ算のときには、「言葉をつくりだす場所」のブローカ野がはたらきます。なぜかといいますと、わたしたちが九九を使うからです。九九は言葉の調子で覚えますから、言葉に関係するブローカ野がはたらくのではないか、と考えられます。

この実験では、誰の脳も同じようにはたらきました。名誉教授と小学生が同じだなんて予想もしませんでしたが、すべての脳が「単純な計算」をよろこぶのです。

このように単純な計算をするだけで脳がはたらき、とくに前頭前野が活発にはたらくことがわかったわけです。時間は数分でいいのです。授業のはじめに計算問題をさせる先生が増えてきていますが、それを家庭学習にも応用するといいのです。

家庭学習での「百ます計算」は二分以内に

自習用には「百ます計算」がいいでしょう。陰山先生が作成されたものが市販されていますが、お母さんがたにも簡単にオリジナル版が用意できます。

まず、タテとヨコが一一個の方眼状のプリントを用意して、左上の最初のますに「＋」記号を入れます。残りの上段の横ますと、左の縦ますに一けたの数字を一〇個並べ、タテの数字とヨコの数字がクロスしたところに、足し算した答えを書いていきます。

つごう百問になる一けたの数どうしの足し算を、タイムを計りながらやります。上段の横ますと左の縦ますに、毎日ちがう数字を入れて、前回の自己タイムと競っていくわけです。左上のますに「−」や「×」を入れると、「百ます引き算」と「百ますかけ算」になりますね。

まず「百ます足し算」では、左の縦ますに0から9までの数を任意に入れ、上の横ますにも同じ順に数を入れ、上の数と左の数を、左のほうから足していきます。「百ます引き算」では、左の縦ますに0から9までの数を任意に入れ、上の横ますに任意の数に10を加えた数を同じ順に入れて、上の数から左の数を、左のほうから引き算していきます。

つぎの「百ますかけ算」では、でたらめな順序の九九をたくさんやるのが基本です。数字を入れない状態のプリントをたくさんコピーしておいて、使い分けるといいですね。

この場合、「速く」しかも「正確に」がカギになります。学年によってタイムはちがってきますが、小学校の中学年以降では二分以内が目標になるようです。三分近くなると、授業レベルの計算でのつまずきが目立ってくるのだそうです。

この「百ます計算」は、誰にでも有効です。新しいことを開始する前にやると、脳のいろいろな場所のはたらきが活発になり、すばらしいアイデアが生まれるかもしれません。

「複雑な計算」「文章題」では脳はどうなる？

複雑な計算では右側の脳がはたらかない

「単純な計算」よりも「複雑な計算」をしているほうが脳はうんとはたらく——ふつうはそのように予想すると思います。ところが、ちょっと複雑な計算問題を暗算しているときの脳のはたらきを調べたところ、またまた予想を裏切るデータが出てきたのです。

大学生であれば、平均で約一分あれば計算できるむずかしさの問題を用意しました。たとえば、「54÷(0.51－0.19)は？」というようなものです。引き算とわり算、足し算とかけ算などを組み合わせたもので、小数第二位の数もつかっています。

これを大学生に解いてもらったのですが、「ものごとを考えたり、覚えたりするときにはたらく」前頭前野が活発になることはなったのですが、それは左側の脳だけだったのです。

大学生はみんな右利きでした。右利きの人の場合に、左側の前頭前野の一部分に「言葉をつくりだす」ブローカ野があることがわかっていますので、そこをはたらかせたのですね。

その理由は、引き算とわり算などが組み合わさった暗算をするときに、その解きかたを順に言葉にしていったからです。(　)のなかを先に計算してから、つぎは整数を小数でわるのだから、両方の数を何倍かにしてなどという手順を、言葉にして思い浮かべたのです。

ほかに、「目にしたものが何であるかを調べる」後頭葉の視覚野や、「目にしたものの形を調べ、数字の意識のつまった」下側頭回、「計算するときにはたらく」角回なども活発にはたらきますが、やはり左側の脳だけがはたらき、右側の脳はまったく活動しません。

といっても、これは単純な計算をしたときよりも、脳が活発にはたらく範囲がせまいという比較の問題ですから、全体として、脳はすごく活性化しています。脳のなかのもっとも大切な場所をきたえ、たくましくすることに、計算は役立っているのです。

文章題では脳の計算する場所がはたらかない

たとえば、「タケシくんは、鉛筆をお母さんからもらって、いま37本持っています。これは、もらう前より48％増えたことになります。はじめタケシくんは、何本の鉛筆を持っていたでしょう」というレベルの問題を用意します。これを大学生に暗算で解いてもらいました。

まず問題文を繰り返し読みますから、「目にしたものが何であるかを調べる」後頭葉がはたらきます。「数字の意識のつまった」下側頭回もはたらいて、複雑な計算のときよりもさらに活発さのレベルが上がります。

しかも、複雑な計算をするときと同じように左側の脳がはたらいて、その範囲がもっと広くなります。これは、文章をじっくり読んで問題を理解し、文章から計算式をつくりあげ、その式を解く順序を言葉にしているからですね。

もちろん、「ものごとを考えたり、覚えたりするときにはたらく」前頭前野もすごく活発にはたらきますが、意外なことに、「計算するときの場所」の角回がまったくはたらかないのです。計算よりも、式をつくるほうに、脳がたくさんはたらいたためです。

これまでは、文章題は、計算問題とちがって、もっと論理的な思考が必要になると考えられてきました。抽象的な考えをしなければならないので、見かたによると、文章題は計算問題などよりずっとむずかしいといわれてきました。

ところが、複雑な計算を解くときと、文章題を解くときに、実は脳のなかではほとんど同じ場所がはたらいています。ということは、計算問題をたくさん解いて、「速く正確に」解けるように脳をきたえてやると、文章題がラクに解けるようになるかもしれないのです。

　また、複雑な計算や文章題を解くときには、言葉をつくる場所が活発にはたらきましたから、言葉の教科である国語の勉強に力を入れると、算数や数学の勉強に役立つかもしれません。
　もうひとつ、音読すると、「ものごとを考えたり、覚えたりするときにはたらく」前頭前野が活発にはたらくのですから、むずかしい文章題に出合ったときは、その問題文を声に出して読んでみるといいのです。
　ただし、テストのときに大きな声を出すと迷惑になりますから、まわりに聞こえないような小さな声で口に出して、それが頭のなかにひびくのを聞くようにするといいでしょう。耳せんをするようにしてふさいでみても、自分の声がよくひびいて聞こえます。黙読していたときには気づかなかったことがパッとひらめいて、問題がわかりやすくなったり、解きやすくなる可能性があります。

計算は「正確に速く」が大事

計算について、「理解していればスピードはどうでもいい、そのうちに速くなるので時間でせきたてないほうがいい」という意見を聞くことがあります。ところが、計算問題については、速くテンポよく解いた人たちのほうが脳がたくさんはたらいていた、というデータが出ているのです。これについては、脳科学からきちんと説明することができます。

ある問題を処理するためには、脳のなかに高速道路がたくさんつくられていることが望ましいのです。そして、神経細胞どうしをつなぐ神経線維が太く強くなると、「速く正確に」を実現することができます。つまり、スピードと脳のはたらきには密接な関係があるのです。

ですから、正しい答えが導き出せても、スピードが遅いというときは、神経線維がまだ細いか、それとも、いちばん近いルートが見つけられないまま情報を伝えているレベルではないかと考えられるのです。もっと情報を流してやらないと、スピードは速くなりません。

通常は、勉強したことが定着すると「正確さ」が生まれ、習熟度が進むと「速さ」が生まれます。計算というのは基礎的なスキル（技術）ですから、それを本物にしてやらないといけません。つまり、「速く正確に」はたらくようになって、はじめて本物の道具になるのです。

例の「百ます計算」は、前回の自己タイムを上回ることを目標にします。競うのは自分自身です。クラス全員でやってもそうです。ほかの子供たちのタイムは気になるでしょうが、計算を始めると、そんな小さな感情はふっ飛んでしまうようですね。

寺子屋式「つめこみ」の有効性を見直そう

寺子屋式「つめこみ」は脳をきたえる原点

ここ十数年、学校教育のなかでは、「つめこみ」が避けられてきました。「考える力」や「生きる力」を育てることばかりが強調されて、理にかなった強制のもとにがまんを持続する「読み・書き・計算」のような学習がないがしろにされてきたのです。

計算なんかつまらない、こんなもの何の役に立つのだろう、という子供たちの気分に迎合するのは感心しません。先人たちによる教育システムの軸が、音読と計算に代表される「読み・書き・計算」なのですから、それを捨てるのは、文化に背を向けることになります。

実は、「読み・書き・計算」は、考える力や生きる力を育ててくれるのです。まず、その基礎的なスキル（技術）を身につけるプロセスそのものが「脳の全身運動」になりますから、脳の司令塔の前頭前野がどんどん育って、ものを考える能力が高くなっていきます。

つぎに、基礎的なスキルが身につくと、さらに高度な学習ができるようになります。そうでないと、学問以外の分野での創造性など発揮できるはずがありません。

ものを考えたり、新しいものをつくりだしたりするためには、脳の司令塔の前頭前野がきたえられて、たくましくなっていなければならないのです。音楽や絵画でも、詩文や工芸でも、さらにはマンガを描くときでも、決め手になるのは「前頭前野」のはたらきなのです。

かつては寺子屋できちんと「読み・書き・計算」を教えていました。理にかなった強制であれば、子供たちはいやがりません。成長することはうれしいことですから、つらさに音をあげそうになっても、目の前の壁をどうしても越えたいという気持ちのほうが勝ちます。

基礎的な学習がしっかりなされると、脳はとても順調に成長していきます。「音読」すると脳がきたえられ、「計算」に熱中すると脳がたくましくなります。そうして成長していって、ヒトの前頭前野は、二〇歳ころに完成するのです。

また、よく「右脳を育てる」ことが大切だともいわれます。右利きの人での左脳の前頭前野は、言葉を使うコミュニケーションのときに活動します。右脳の前頭前野は、言葉を使わないコミュニケーションのために使われます。たとえば、顔の表情やしぐさ、身ぶり、声の調子などに使うものですが、そうしたものから相手の気持ちをわかろうとすると、同じく右脳の前頭前野がはたらくのです。

この右脳がはたして学校の教育現場で育つのだろうか、という批判もあります。おそらく、集団的な学びの場で、そのような感情などをうまく伝えあうコミュニケーション能力が育つのだろうか、と危ぶんだのだと思います。

ところが、「読み・書き・計算」によって、右脳も左脳もいっぱいはたらきますので、学校の現場できちんと学習させると、まちがいなく右脳は育ちます。

脳科学の立場から「右脳を育てるために読み・書き・計算をたくさんしよう」という標語をかかげたいくらいです。

父のゲンコツが算数の力を伸ばしてくれた

この「寺子屋的な方法」ということでは思い出があります。

わたしは、小学生のころから父のゲンコツをくらっていました。父から「勉強しろ！」といわれたことは一度もないのですが、すごくしつけにきびしい人でしたので、スパルタ的なゲンコツの洗礼をたっぷり受けました。それも毎週の決まりごとみたいにしてです。

ごはんを食べるときの作法だとか、自分の部屋の掃除のしかたでは、とくにきびしくされました。身のまわりがだらしないと、何もできるようにならないというのが持論だったのです。

ですから、日曜日が嫌いでした。父が家にいると怒られるわけですから、まさしく災厄の日だったのです。いまになって思うと、わたしへの寺子屋的なメッセージがこめられていたのですけれど、当時はひたすら怖かっただけでした。

父は、ノーベル物理学賞を受賞した朝永振一郎さんに学びたくて東京教育大（現・筑波大）へ行き、医療物理の研究者になりました。当時の科学技術庁の放射線医学総合研究所の研究官でしたので、そのキャリアからして、息子に完璧なものを求めたのかもしれません。

何かしろとはいわなかったのですが、勉強でわからないところがあると、数学と物理を教えてくれました。その場でも、中学校を卒業するまでは、毎週かならず殴られていました。

たとえば、「放射能と放射線のちがいもわからないのか！」とポカーンとやられました。知らないことがあると「なんで知らないんだ！」とゴン、「自分で調べろ！」とまたゴン。その場で調べさせられて、答えられないと、またま

たゴンとやられました。
　この原理原則をつかえば解けるはずだから、それで解け、というわけです。それで解けるのなら聞いたりしないのにと思いながら、もう泣きながら、必死でやりました。
　といっても、日曜日が待ち遠しいという気持ちがなかったわけでもありません。ちょっと不思議な感覚なのですが、川遊びなどに連れて行ってもらうのがうれしかったのです。その日がなければいいというマイナスの記憶があるのに、プラスの記憶もあるのです。
　小学生のころは、夏になると毎週の

ように近くの川へ行きました。父は魚を釣り、わたしは海水パンツで泳ぎながら、魚を追っかけるのです。とても楽しかった……。

その父は亡くなりました。研究所を定年退官したあと、北里大学で四年間ほど教鞭をとっていました。研究ひとすじの、飾り気のない、無骨なまでの生きかたでした。

自分の息子たちを見ていると、父がわたしに抱いたいらだちがわからなくもありません。自分と遺伝子のつながった子供たちがこんなこともできないのかと思うと、すごく寂しいものなのです。

母による寺子屋式「つめこみ」法

ゲンコツの父とは別に、もうひとつ、寺小屋的なやりかたを経験しています。

父と母は高校の同級生ですが、母のほうは昭和薬科大学を卒業して薬剤師の資格をもっています。小言をいうのが役目でしたが、父が爆発したときには守ってくれました。

この母に、小学校三年生の二月から三月にかけて勉強をみてもらいました。父が研究所を替わり、群馬大附属小学校から千葉大附属小学校へ移ることになったので、その編入試験のために、算数、国語、理科、社会の四教科をみっちり仕込まれたのです。

母は教えるのが嫌いではなく、いわゆる「教育ママ」のはしりだったのですが、どんな勉強をしたかはまったく記憶していません。いつもは午後八時には寝ていたのに、そのときは九時ごろまで勉強させられたということを覚えているだけです。

当人はやりたくなくても、生きるうえでの、学習のうえでの道具をきちんと身につけさせるのが寺子屋式の方法ですから、母は一対一での先生役になりきったのでしょう。

大学の附属小学校どうしの編入では、成績が少し悪くても入れてもらえますが、あまりに悪いと認められなかったようです。しかも、群馬より千葉のほうがレベルが高いらしい。

試験で何点くらいとれたのかも覚えていませんが、在学中はずっと中位以上の成績がキープできたのですから、まんざらでもない成績だったようです。まさに母のおかげです。

スウェーデン留学中に、長男に算数ドリルを一年先の内容までやらせたのは、このような体験と関係しているかもしれません。ある程度の強制のもとでないと、なかなか身につかないスキル（技術）があるのですから、きちんと教えこんでやる必要があると考えたのです。

その先どり学習のおかげで長男はずっと算数が得意でしたし、中学校までは数学もよくできました。学校教育での大きな柱のひとつが算数と数学ですから、そこを突破させてやるのも親の仕事かな、という気がします。実際のところ、国語や社会、理科なども得意になりました。

九歳半から「大人の脳」へ転換する

寺子屋的なやりかたは、脳の発達のうえで大きな意味をもちます。

発達心理学には「九歳半の節」という言葉があります。九歳から一〇歳にかけての時期が子供たちの発達の節目になり、それ以前と以後とで、発達のしかたが質的に大きく変わってしまうといわれるのです。

四年生までは「読み・書き・計算」をよろこんでやったのに、五年生になると面倒くさがったりバカにしたりして、なかなか効果があらわれない、というのもそのせいです。

また、自分の判断や意見を通そうとする気持ちが強くなって、先生への批判の目がきびしくなり、どっちが優れているとか劣っているという視点が大きくなるようです。

頭ごなしに「こうしなさい！」といわれるのを嫌いますから、その時期をすぎてしつけをしようと思ってもうまくいかない、という話もよく聞きます。

実は、この年齢あたりで、脳のなかにも大きな変化があらわれます。子供型の前頭前野から大人型の前頭前野に変わり、学びのスタイルがそれまでと一線を画したものになるのです。

脳のなかの神経細胞は、はたらくためのエネルギー（ブドウ糖と酸素）を近くの毛細血管から取り入れています。脳が活動しはじめると、だんだん血液の流れが速くなり、多量のエネルギーを取り入れます。

大人型の脳では、血液の流れは速くなっても、酸素を取り入れる割合は一定のままです。せっかく多量の酸素が近くの毛細血管をかなりの速度で流れていても、取り入れられなかったエネルギーはそのまま静脈に入って戻っていくのです。

ところが、子供型の脳は大人とちがい、血液の流れを速くするだけではなく、酸素を取り入れる割合も高めているのです。とくに前頭前野でその割合が高くなります。大人型の脳ではエネルギー効率のムダが大きいのですが、子供型の脳はとても効率のいいシステムなのです。

これはまだ仮説ですが、エネルギー効率のいい子供型の脳のほうが学習が身につきやすいのではないか、大人型の脳になる前に寺子屋式の「読み・書き・計算」をきちんとやらせて、使いがってのいい道具に育ててやることが大切なのではないか、ということです。

低学年で「読み・書き・計算」のスキルをみがく

母がわたしに半ば強制したもの、わたしが長男に半ば強制したもの――この二つは少し異なりますが、基礎的な学力をスキルとしてみがくというねらいと、「九歳半の節」を越える前に教えこんだところは同じで、どちらも寺子屋的なやりかたを根っこにしています。

ところで、この「読み・書き・計算」の寺子屋的な方法を、全国規模でシステム化しているのが公文教育研究会、略して「公文式」です。その子供に

「ちょうど」のところからスタートして、細かな学力のステップを順々にのぼっていくやりかたをとっています。

公文式では、多くの障害児も受け入れていますが、ここではふつうの子供たちを対象にした学習システムについて、ちょっと考えておきたいと思います。

実は、わたしは次男と三男に公文式をやらせました。次男は五年生と六年生のときに算数をやり、中学三年でやめました。三男は二年生から算数と国語を始めました。末っ子の四男は、本人が「興味がない」というのでやりませんでした。

次男と三男には、長男のようにマンツーマンで教えてやる時間がありませんので、わたし自身で調査して、これなら安心ということで入れたのです。

最初は、公文式は計算するだけのところとしか思っていませんでした。序章でゲームをするときの脳について考えておきましたが、その研究レポートに興味をもった公文式の人たちが東北大学の研究室へやってきて、それからつきあうようになったのです。

当時は、公文式の内部でも「公文式とは何なのか」が整理されていませんでした。わたしは、「塾と何がちがうのか」と問いかけました。すると、「学校が第一にある――学校の勉強をするのが子供たちにとって大事である」という答えが返ってきました。

つまり、子供たちが公文式をやっておくと、学校で「授業が楽しくわかって聞けるようになる」ということを目標にしている、といわれたのです。中学受験などはめざさない、子供たちに受験技術を与えるつもりもまったくない、ということでした。

学校の勉強がよりわかりやすくなるためにやるというコンセプト（考え）は、わたしが長男に算数を一学年先の内容までやらせたことと、相通じるところがあります。

日本の小学校に入って帰国子女としてイジメられないためには、算数がほかの子よりもできればいいのではないか、算数で一目置かれると仲間に入っていきやすいだろう、授業がわかるとストレスなしですごせるはず、というのが親としての考えだったからです。

先の学年の内容まで終わらせるというのが、公文式のやりかたと同じでした。わたしは自分の直感で、はからずも公文式と同じことを息子に叩きこんでいたのです。

勉強体系に「読み・書き・計算」を位置づける

公文式の宣伝をするつもりはないのですが、このシステムの有効性というのは使いかたしだいだと思います。また、親がどこまで期待するかということもあります。たとえば、中学受験に役立つものを教えてもらおうと考えても、それは期待はずれになるしかありません。

そこのところが、小学校の五、六年生になると子供たちがやめていく理由でしょうが、「読み・書き・計算」の基礎的な技術を伸ばして、習得させていって、学校へ行くとより勉強がわかりやすい、ということの大きな意味を考えてもらいたいものです。

小学校二年生でも、三年生や四年生での数をあつかう知識や言葉の知識があれば、勉強が楽しくなります。学校生活にストレスがなくなりますから、すごい効果ですね。

ところが、一部には批判があります。公文式は数式を解いているだけだから、自分から疑問をいだいたり、問題を解決する力などが育たないのではないかというものです。

これは詭弁《きべん》です。なぜなら、公文式をやっていない子たちに創造力が育っていますか？　公文式もふくめて、そこの能力を伸ばすには別の努力が必要なのではないですか？

公文式の子供たちは、算数のときにもう代数を習います。計算に関しては大人よりも速いでしょう。そのため、創造力なども大人と同じようにすごいのだと勘ちがいされて、そこが伸びないのはよくない、というネガティブな見かたがされるのではないでしょうか。

その点は、公文式にも責任があります。「計算力があることがメリットです。そのほかは学校のなかで伸ばしてもらいなさい」というやりかたを、世の中に説明していません。全国に一万六千余の教室があり、一四八万人もの子供たちが学んでいるというのに……。

とにかく、基礎的なスキルをみがいて道具として使えるようにするプロセスそれ自体が、子供たちの脳をきたえます。前頭前野がたくましくなると、人としての判断がしっかりできるようになりますから、ヒトとして成長していくことを意味します。

学校現場の先生がたはもちろんのこと、家庭のお母さんやお父さんがたにも、かつての寺子屋のように、勉強という大きな体系のなかに「読み・書き・計算」をきちんと位置づけていただきたいと思います。

第2章

よい脳をつくる家庭学習のしかた

効率よく脳をはたらかせる家庭学習

まず勉強法のヒントをまとめてみよう

わたしは、小学校、中学校、高校と、あまり勉強が好きではありませんでした。それでも大学へ入るため、医学を学ぶために必死になってがんばりました。そのとき、もっと効率のいい勉強のやりかたはないものだろうか、ということを真剣に考えました。

いまはこうして脳科学の研究をつづけていますが、残念ながら、まだ「これだ！」という答えは見つかっていません。でも、ヒントになりそうなことが、脳の研究によって少しずつわかってきました。そのいくつかの事項の意味合いと効果を考えてみましょう。

ただし、まったく勉強しないでいると、脳は弱くなってしまうこと。その反対に、うまく勉強していくと、誰でも、たくましくて、よりよい脳をつくることができるということ。このような脳の性質をきちんと頭に入れたうえで、読みすすめてください。

①　学習とは何かをよく理解しておく
②　「音読」と「計算」でウォーミングアップをする
③　「読み・書き・計算」を道具にするためにスキルをみがく
④　かたよらない教科学習をめざす
⑤　内容を理解して整理する
⑥　何度も繰り返して勉強する
⑦　「正確さ」と「速さ」にこだわる
⑧　テスト結果をうまく利用する
⑨　いろいろなことを覚えるようにする

⑩ 勉強は毎日つづける

などです。実に当たり前のことなので拍子抜けするかもしれませんが、これは最新の脳科学が解き明かした事実なのです。つまり、これらを実行すればいいだけのことです。

わたしは、小学校のころから、勉強は学校でするものと思っていましたので、家で自習したことがありませんでした。しかも、右のような勉強法のヒントを知らなかったのですから、父からゲンコツを食らうのもやむをえなかったのかもしれません。

また、研究者になった現在も、気持ちのどこかに、一生懸命に勉強している人間には頭が上がらないなという思いがありますし、そういう人へのコンプレックスも感じます。

だから、逆に、いまこうして勉強の大切さを伝えたいのです。学校時代にこの勉強法のヒントを知っていたら、わたしだってもっともっと勉強したかもしれません。

ところが、妻はわたしと対照的に、宿題はきちんとこなすし、テスト前には計画を立てて勉強したそうです。妻とは高校の同期生で、初めて顔を見知ったのも一年生のときにクラスが同じだったからなのですが、ふるまいに華がある快活なタイプでした。コツコツと努力することを苦にしない、がんばり屋さんだとまではわかりませんでしたが……。

それはさておき、毎日かならず勉強する習慣をつけることが大切なのですが、これは学校まかせにも塾まかせにもできません。机に向かうことをクセのようにして、少しずつ身につけるしかないのです。「わたしはできた！」「ぼくにもやれた！」という小さな達成感をそのつど味わいながらステップを昇っていくことが大事だ、とアドバイスしておきましょう。

この習慣づけに成功するためには、まず「学習」の意味をつかんでおく必要があります。

①学習とは何かをよく理解しておく

ここでは勉強法のヒントと同時に、脳のはたらきを解明するカギを提供します。「体で覚える学習」と「勉強する学習」は、脳のはたらきとして同じであることを知ってほしいのです。

たとえば、鉄棒の逆上がりのやりかたや、自転車の乗りかたなどは、何度も練習して、体で覚えていきます。そのように体で学習するときの脳のはたらきを調べたところ、とても興味深いことがわかってきたのです。

左ページの絵を見てください。この実験では、頭に小型カメラをとりつけ、カメラからの映像だけが目に見えるようにしてあります。

そして、このカメラを、時計の針が動く方向に六〇度だけ、回転させました。つまり、目に見える風景が六〇度ずれるようにしたのです。

すると、自分の手や腕が見えているのに、それを自分の思う方向に、うまく

動かすことができないのです。まるで他人の手や腕のように感じられて、さわりたい場所へ、じょうずに動かせなくなってしまうのです。

わたし自身も実験台になってやってみたのですが、どうしたら思った場所へ手や腕が動かせるのか、頭のなかが混乱して、ああでもない、こうでもない、と考えてしまいました。

ところが、いろいろと試しているうちに、頭で考えなくても、手や腕が、思った場所にすっと動かせるようになります。六〇度ずれているのにごく自然に動かせるのですから、むずかしい問題がパッと解けたような感じです。

このときの脳のはたらきを見ると、まだ手が思うように動かせないときは、脳のさまざまな場所がはたらいています。とくに「自分の身のまわりの世界を調べる」頭頂連合野が活発にはたらいて、ふだんとちがう風景の見えかたに自分の感覚を合わせようとしています。

つぎに、すっと手や腕が動かせるようになったときは、「体をどのように動かすのかを命令する」補足《ほそく》運動野と、「自分の手や腕が何にふれているのかという感覚を調べる」体性感覚野の二つの場所だけがはたらきます。

後者の、手や腕がすっと動かせたときにはたらく場所は、カメラをつける前にはたらいていた場所とまったく同じなのです。つまり、何度も試しているうちに、脳が「学習」して、新しい状況に合うよう、体の動かしかたを覚えてしまったのです。

こうして実験を終えて、六〇度ずれていたカメラを元の位置に戻すと、すぐに元の感覚に戻ってしまいます。たったいま、体で覚えたことが、あっという間に消えてしまうのです。

このプロセスの順を追ってみましょう。新しい学習を始めると、脳はどこにどのような情報を流せばいいのかわからないので、いろいろな場所が活発になります。脳のなかの神経細胞のネットワークのうちの、どれを使えばいいのかわからなくて、試行錯誤するのです。

繰り返して学習していくうちに、もっとも効率よく情報を流せるネットワークが見つかります。先の実験でいうと、手や腕がすっと動かせるようになった状態です。ところが、カメラを元に戻すと、感覚まで元に戻ってしまいます。要するに、すぐ忘れるのです。

一度しか学習しないと、せっかく見つけたネットワークは細いままです。また使おうと思ったときは、もう一度探し出さないといけません。これを防ぐには、もっと何度も情報を流してやって、神経線維の数を増やして太くしてやらなければならないのです。

学習するということは、このような脳のネットワークをたくさんつくるということです。そして、学習の結果によって脳が見つけ出したネットワークを「記憶」というのです。

よく「覚えたものを忘れる」とか、「思い出せない」と感じることがあります。これは繰り返して学習しなかったために「記憶」ができなくて、脳が見つけたネットワークを忘れてしまったからなのです。そうさせないためには、繰り返して学習するといいのです。

「体で覚える学習」も「勉強する学習」も、脳のはたらきとしては同じです。この記憶のネットワークをつくりあげていくときには、前頭前野が命令を出しているのです。

こうして「勉強=学習」の大切さは科学的に証明されていますが、以上のことは「脳のなかに高速道路をたくさんつくる」といういいかたで、もう何度も考えてきたことです。

そして、ものごとを覚えるときには、その命令を出す前頭前野が活発にはたらきます。覚える内容によって、脳のなかで記憶をしまっておく場所がちがっていますので、いろいろなものを覚えようとすると、脳のさまざまな場所がはたらいて、よい脳がつくられていきます。

たとえば、漢字を覚えるときに、目で見るだけではなくて、書きながら覚えるほうが脳がより活発にはたらいて記憶しやすくなります。声を出したり、体を動かしたりしながら覚えるのも同じことで、脳のいろいろな場所をはたらかせたほうが、記憶しやすいのです。

また、ある人の電話番号を聞いてすぐ電話をかけるというとき、電話をかけ終わるまで番号を覚えていることは簡単でしょう。ところが、番号を押そうとした直前に、誰かにまったく別なことを話しかけられると、その瞬間に忘れることがあります。また、番号を押してしまうと忘れることもあります。

これを防ぐ方法も同じで、しっかり記憶するには何度も繰り返すしかありません。記憶を取り出す命令をする前頭前野と、記憶がしまわれている場所を結ぶネットワークを太くしてやるといいのです。

しかも、わたしたちの脳には、ほかのものと結びつけて覚えるほうが、忘れにくいという性質もあります。たとえば、「ゴロ合わせ」などで覚えるのがそうです。

ただの数字としてではなく、言葉という別のものを使って、脳をより活発にはたらかせることで覚えやすくするのです。これは「一一九二年＝いい国つくろう鎌倉幕府」などのように、歴史の年代を覚えるときによく利用されますね。

こうして覚えた記憶は、すぐに思い出せなくても、覚えようとしていたときの情景のほうを思い出そうと努力してみると、それに関連して記憶がよみがえってくることがあります。「あの漢字は教科書のどのあたりに出ていた」とか「覚えようとしていたときに母がドアをノックした」など、関係ないことから記憶をたぐり寄せることができることもあります。

②「音読」と「計算」でウォーミングアップをする

これはすでに第1章で考えたことですが、勉強のはじめの一、二分間に「音読」または「計算」をすると、脳が活性化して、むずかしい勉強に向けての「頭の準備体操」になります。

音読は、なにも文芸作品にかぎることはありません。社会の勉強の前には、社会の教科書の文章を音読するだけでも、すごく効果があります。もちろん、理科でもそうです。

あの陰山先生の指導によると、社会の歴史分野の授業ではまず音読の宿題を先行させて、教科書の音読がきちんとできているかどうかをテストします。そして、音読のときにつまりそうな個所や言葉などをチェックし、それを調べることを宿題にします。

ここまでの指導は、国語の説明文の読解のやりかたとまったく同じで、きちんと読めるようにすることで、その学習内容をだいたいわからせてから、授業に入ったようです。

このやりかたは、すぐ家庭学習に応用できます。歴史の場合には、重要人物を漢字でしっかり書いて覚えることも大切ですので、声に出して、書くようにするといいでしょう。

この音読によって脳がどのように活性化するかを決めるのは、「単位時間あたりの作業量」＝「速さ」ではないかと推論されます。つまり、読むときのスピードが速いほど脳がたくさんはたらきますから、「スピーディかつリズミカルに読む」ことを目標にするといいのです。

余裕があるときは、中島敦や太宰治、宮沢賢治、夏目漱石などの文章を取り入れるのもおもしろいでしょう。読みまちがいが減るのに比例して、集中力がついてくるようです。

計算には「百ます計算」もいいでしょう。一けたの足し算などの計算問題をするだけで、脳は目覚めます。計算の場合も、できるだけ「速く・正確に」解くことが大事です。二分間ほど集中するだけで、脳のいろいろな場所のはたらきが活発になります。

前回の自己タイムを短縮しようとがんばるうちに、集中力が高くなり、勉強がすすめやすくなる可能性があるのです。しかも、複雑なものよりも、単純な計算のほうが脳にはいいのですから、小学校の中学年以下でも十分こなせるはずです。

③「読み・書き・計算」を道具にするためにスキルをみがく

「読み・書き・計算」という基礎的な学習には、二つの意味合いがあります。

①「読み・書き・計算」のスキルを道具として使えるようにすること。

②「読み・書き・計算」の学習をとおして、前頭前野をきたえ、人としての判断がしっかりできるようにすること。

この二つですが、両者のちがいをよく考えておくことが大切です。①は、「読み・書き・計算」が自在にできるようにスキル（技術）として身につけなさいということ。②は、①の学習をきちんとさせるとよい脳ができあがっていく、ということを意味します。

ふつうの場合、自分で「一生懸命に頭をつかっているな」と感じることと、脳のはたらきの度合いはつりあっています。つまり、気持ちのうえで感じることと、実際の脳のはたらきぐあいはだいたい同じだというデータが出ています。

ところが、音読や数かぞえ、単純な計算問題をすると、自分では「頭をつかっていない」と感じているのに、脳はよろこんで活発にはたらいてしまいます。つまり、気持ちのうえでの努力感と脳のはたらきが例外的につりあわないのが、「読み・書き・計算」なのです。

ですから、「読み・書き・計算」という基礎的な学習をすると、自分ではほんの少しの負担しか感じないのに、脳のほうはすごく活性化してしまうのです。苦痛やつらさがないのに「脳の全身運動」になってしまうのですから、トレーニングにもってこいなのです。

しかも、このトレーニングそのものが、前頭前野をはたらかせ、脳を大きく成長させます。「読み・書き・計算」にどんどん習熟していくにつれて、もの

の考えかたが深くなり、前頭前野から幼さが消えて、大人のような判断ができるようになっていくのです。
わたしは、基礎的な学習はスキル（技術）であり、その結果として得られた「読み・書き・計算」の能力は「道具」だと考えています。ですから、子供たちには、「読み・書き・計算」の基礎学習をすること――スキルを身につけること――それ自体が、まず第一の目的になります。
ものを考えることとは、「読み・書き・計算」という総合パワーがあってはじめてできる行為ですから、それを身につけて自由自在に使えるようになることが大切なのです。

この基礎的な学習の上に、人間はさまざまなことを積みあげていきます。たとえば、やりたい仕事を探したり、国際的な友好の輪を広げたり、すばらしい楽曲をつくったり、環境問題を考えたりするようになります。

今度は、基礎的なスキルとして身につけたものを、道具として「どのように使うか」「何に使うか」を考えることができる能力を育てることが、とても大事になってくるのです。

つまり、基礎的なスキルを身につけるつもりだったトレーニングが、生きていくうえで重要な思考力やコミュニケーション能力、創造力などを発達させることにもなるのです。

特別に、子供たちに「生きる力」をつけてやるための授業のあれこれを考えなくても、「読み・書き・計算」という基礎学習が、心＝脳をきたえてくれるのです。

④かたよらない教科学習をめざす

「読み・書き・計算」という基礎学習は脳を広い範囲で活発にはたらかせますが、それだけで脳のすべてをカバーできるわけではありません。いろいろなことを覚え、成功や失敗を繰り返して、あれこれと経験することで、バランスよく脳を発達させることができるのです。

当たり前のことですが、「読み・書き・計算」による「脳の全身運動」でウォーミングアップをしたあとは、本番の勉強が待っています。それぞれの教科には「道具」となる知識や知恵がありますから、そこでまた、それらを覚えるための基礎学習をしなければなりません。

つまり、ある程度の「つめこみ」によって、覚えるべきものは覚えてしまうほうが効率よく勉強が進められます。まず子供たちの頭のなかに「道具」をつくると、それを用いて新しい内容にぶつかり、自主的に考えていくことができるからです。

たとえば、社会科では都道府県名を覚えたうえで大ざっぱな地図が描ける、歴史上の人物の名前が漢字で書ける、重要な事件などの年号を覚える、政治や行政についての用語の意味がわかってきちんと漢字で書ける、などが「道具」といえるものです。

一、二年生の生活科は体験するだけで十分ですが、三年生の社会科からは「なぜ？」を考えることが大事になってきます。地域社会などに関する知識がきちんと整理されていると、それが「道具」になって理解を深めてくれるはずです。

また、世界とわが国の関係を考えるときには、大ざっぱな世界地図が描ける、主要な国々の首都名とその位置、主要な河川名、山脈や海流などを描ける、などを「道具」にします。

理科は、生物とその環境、物質とエネルギー、地球と宇宙、という三つの領域で構成されています。自然についての「なぜ？」を考えながら、その疑問を観察や実験によっていったん解決して、また新しい「なぜ?」を見つけて、だんだん理解を深めていきます。

観察や実験がすべてといってもいい教科ですから、そのための器具や手順がわかり、その結果を報告する図解や写真などの内容を読みとり、それぞれの相異するところを見つけ出し、そのちがいをさらに自分で図解する、というやりかたを身につけなければなりません。

ですから、いろいろな観察や実験を楽しみながら、そのプロセスを図解できると、それは立派な「道具」になります。また、「水溶液の濃さ」や「てこのしくみ」では、いろいろな公式が導き出される理由がわかると、その公式を「道具」にして計算できるようになります。

もちろん、算数や国語もすごく大事です。算数では「なぜ分数のわり算では逆数をかけるのか」と考えたり、国語では教科書に出てこない作家の文章を読んだり、ということがさらに脳のはたらきを活発にさせ、よりよい頭脳をつくっていくはずです。

体を動かす体育も大事ですし、感性や表現の技法を育ててくれる音楽や図工も、みんな子供たちの発達にとって意味があります。ムダな教科というのはひとつもないのですから、それぞれの領域で精いっぱいのがんばりをさせてやると、脳はバランスよく育っていくのです。

⑤内容を理解して整理する

新しい内容を勉強するときは、誰でも手探りの状態ですから、脳もすぐに情報を流せなくて苦労しています。このとき、脳のなかではいろいろな場所が活発にはたらいて、脳の神経細胞どうしをつなぐルートをつくろうとしているのです。

このように神経細胞から神経細胞へと手をのばし、つなぎあって情報を伝えている状態のときを、「脳が活発にはたらいている」とか「脳が活動している」というのですから、細胞どうしが手をつなぎあう前にあきらめてしまうと、それより前へは進めません。

ところが、あきらめずに勉強を進めると、脳のなかに、すいすいと勉強を進めることができるルートができてきます。当然、時間がかかります。つらく感じるかもしれませんが、目の前に立ちはだかる壁を乗りこえるための努力をやめさせないでください。

いまの勉強の前の内容にいったん戻ってみるのも効果があります。それぞれの教科は体系にそってプログラムされていますから、前の内容とのつながりを考えると、あっけなく問題解決のヒントが見つかることがあるのです。

子供たちが「わからない！」と途中で投げ出しそうなときは、「その前はどうだった？」とヒントの扉を目の前に設置してやるといいかもしれません。前の内容と関連させたり、整理したりすると、脳の「あれかこれか」と考えるはたらきを助けることになるのです。

ここでは、「どうしてわからないの！」というのは禁句です。子供たちは脳のなかで必死になってネットワークを探しているのですから、そっと見守ってやってください。

そして、子供たちがあきらめそうになったら、「もう少しでわかるようになるよ！」とはげましてやってください。「いま脳がものすごく活発にはたらいているんだよ！」と解説を加えてやるのもいいと思いますが、むやみに「がんばれ！」というのは効果がありません。

脳内にネットワークが見つかると、子供たちは「わかった！」「できた！」という達成感を味わいます。その高揚した気分のなかで、すぐに反復させるといいと思います。

⑥何度も繰り返して勉強する

先ほどの「わかった！」「できた！」という段階の脳内のネットワークはまだ細いので、すぐに埋もれてしまいます。わたしたち人間の脳というのは、理解しただけではすぐに忘れてしまいますから、つぎのステップへ押し上げてやらないといけません。

お父さんやお母さんにも経験があると思いますが、「理解した」「できるようになった」と思っていても、いざその知識や技術を使おうとすると、あやふやで役に立たないことがあります。その理由は、何度も繰り返して本当の理解のレベルに到達させていないからです。

本当の「理解する」は「太い神経線維でネットワークをつなぐ」ということですから、これでいいという限界点はありません。学習の内容による差や、個人差がありますから、数字ではあらわせないのです。反復練習につぐ反復練習――これ以外に道はありません。

ここでは、体と脳は同じと考えてください。体を動かす運動をまったくやらないでいると筋肉が細くなって、弱々しい体つきになってしまいます。脳も同じですから、まったく勉強しないでいると、弱くなってしまうのです。

その反対に、新しく「理解した」ことをすぐに反復し、それを応用したものを繰り返して解くようにすると、脳内のネットワークは太くなります。野球でワンバウンドを捕る練習を繰り返すと、その動きを体が覚えてしまって、すばやく反応できるようになるのと同じです。

この章のはじめの、「学習とは何かをよく理解しておく」をもう一度読み返してほしいと思います。ただし、子供は同じことを反復するのがとても苦痛です。そのために勉強嫌いになるかもしれません。飽きさせないよう、何か工夫をしてやりたいところです。

たとえば、わたしの母は薬剤師の資格をとるなど、自分がやってきたことにすごく自信がある人なので、よく勉強に干渉してきました。わたしは放っておかれるとすぐ寝ちゃいますので、中学受験や高校受験のときはつきっきりでした。母がちゃんと監視しているのです。

それだけではなく、国語の勉強ではふつうのドリルではなくて、就職試験用の問題集を買ってきてやらせるなど、いろいろと工夫もしてくれました。

⑦「正確さ」と「速さ」にこだわる

算数や数学では、「計算の原理を理解できていて、やれば確実に計算できるという自信がありさえすればいい」といわれることがあります。また、「考えるのが遅い子が、できないわけではない」ともいわれます。これは本当なのでしょうか。

学習したことが定着したかどうかをみるとき、一般的には「正確さ」で判断します。テストなどでは、制限時間内に正しい答えが書けていれば、学習内容を理解したと判断されます。

ですが、わたしは「速さ」も評価の基準のひとつになると考えています。たとえば、同じ問題を解くのに、Ａくんは八分で正しい解答をし、Ｂくんは三〇分かかって正しい解答をしたとします。このＡくんとＢくんの習熟度は、明らかにちがいます。

道具として計算のスキル（技術）がどれだけ使えているかという点で、Bくんはまだ不十分なのです。計算のスキルは、速く正確に使えるようになって、初めて「道具になる」のです。

そのスキル（技術）が道具として使えるようになるということは、神経細胞どうしをつなぐ神経線維が太く強くなったということです。

それに対し、正しい解答ができるとしても、スピードが遅いというのは、この神経線維がまだ細い、あるいは、最短の直線道路ではなくて、うねうねとまわり道をしながら情報を伝えているのではないかと判断できます。

もちろん、学習内容によっては「速さ」を基準にできないものもあります。しかし、スキルとして身につけさせたい内容については、「正確に速く」ということを目標にして、それを習熟度の目安にするといいでしょう。

ですから、冒頭の「計算の原理を理解できていて、やれば確実に計算できるという自信がありさえすればいい」というのは、成長しつづける子供たちの習熟度を判断するものとして適切とはいえません。

　また、「考えるのが遅い子が、できないわけではない」というのは、事実としてそういうケースがあるかもしれませんが、習熟度を高めていくスキル（技術）の程度を判断するには、やはり適切ではありません。
　ここで「正確に速く」を目標にするのは、学力競争をさせるためではなく、道具を身につけさせるためなのです。
　ある段階が達成されたら、つぎのステップに移る――「読み・書き・計算」のスキルを道具にするには、このような繰り返し学習を積み重ねていけばいいのです。

この勉強の方法は、いろいろな教科にもあてはまります。前の学習内容を身につけて道具にしたところで、つぎの内容に進めていけばいいのではないかと思います。

⑧テスト結果をうまく利用する

学校でのテストは、採点されて返ってきたときに、もっとも利用価値が高くなります。まちがえたところを、どうしてまちがえたのか、どのようにしたら正しい解答を導き出せるのかを考えると、内容がよくわかるようになるからです。

よく先生が「点数や、○×だけを気にしてはいけません」というのは、よく考えて、つぎからはまちがえないようにしようということですが、これは脳科学からも正しい発言なのです。

つぎのような実験をしました。ひとりが目をつぶって鉛筆を持ち、一〇センチちょうどになるように線を引いてみます。線を一回引くたびに、もうひとりから「引いた線が一〇センチちょうどであったかどうか」だけを教えてもらった場合と、「一〇センチよりもプラスマイナスで五ミリの範囲内かどうか」というヒントを与えてもらった場合とを比べてみたのです。

テストが返ってきた場合でいうと、前者が「答えが合っていたか、まちがえたか、だけを気にした」ときに、後者は「まちがえた問題のヒントを聞いて、なぜまちがえたかを考えた」ときにあたります。

すると、後者のヒントを与えたときのほうが、脳の多くの場所が活発にはたらくことがわかったのです。とくに右側の前頭前野が活発になりますが、そこは「ものごとを考えたりするときにはたらく場所」ですから、ヒントを聞いて、なんとか一〇センチちょうどの線を引こうと、努力や工夫をしているからなのです。

つまり、テストが採点されて返ってきたときに「なぜか？」を考えると、そこで本当の意味での勉強をしたことになるのです。ですから、ふだんの勉強でも、まちがいを正すヒントをしっかり聞いて、積極的に考えるようにすると、脳がよくはたらくのです。

このテストでは、わたしはずいぶん苦労と工夫をしました。ひどい点数をとったものは自宅に持って帰らないようにしたのです。まちがえたところをやり直してしまうと、大きな声ではいえませんが、家へ帰る途中のゴミ箱に捨てたこともあります。

万が一、ひどい点数をとったことが父に知れるとゲンコツが降ってきますから、証拠は残さないほうがよかったわけです。ただ、なぜまちがえたかをきちんとチェックし、つぎは絶対に正しい解答ができるよう、頭に叩きこむようにしました。

⑨いろいろなことを覚えるようにする

ここは冒頭の「学習とは何か」で少し考えたことですが、念のため、もう一度まとめておきます。ものを覚えようとすると、その命令を出す前頭前野が活性化します。また、ものを思い出そうとすると、やはり命令を出す前頭前野が活発にはたらきます。

つまり、覚えるものによって、脳のなかで記憶をしまっておく場所がちがいますので、あれを覚えよう、これも覚えようとすると、脳のいろいろな場所がはたらきます。ですから、脳をバランスよく発達させるには、暗記するということがとても大切になるのです。

また、ものを思い出そうとするときも、記憶がしまわれている場所はどこかを必死に探しますから、脳のいろいろな場所が活発にはたらきます。

いろいろな知識や知恵を暗記すると、それは「道具」として使えるようになります。しかも、暗記するという作業そのものと、思い出そうとする作業そのものが、ともに脳を活性化させるのですから、暗記すればするほど、よい脳が育っていくことになります。

よく「丸暗記しても効果はない」などといいます。それを道具として使おうとするときは、たしかに丸暗記しただけでは役に立たないかもしれませんが、暗記しようとするだけで脳が活性化するのですから、かならずしも効果がないとはいえません。

記憶を取り出す命令をする前頭前野と、記憶がしまわれている場所を結ぶネットワークを太くしてやると、しっかり記憶することができます。脳のさまざまな場所が活性化すればするほど、よい脳がつくられていくのです。

⑩勉強は毎日つづける

認知症をともなう高齢者のかたがたのデータから見えてきたことですが、学習は毎日つづけたほうが効果的だとわかってきました。あらかじめ予測されてはいましたが、昔からいわれる「継続こそ力なり」ということが実証されたのです。

体をきたえるには、毎日体を動かす運動をし、毎日ごはんを食べなければなりません。たとえば、ジョギングや体操などの全身運動は、毎日つづけたほうが心肺機能をよくすることが知られています。それと同じように、勉強が脳にとっての毎日の運動とごはんになります。

勉強の時間は短くてもかまいません。小学校の低学年だと、一五分を一単位として、せいぜい二単位までと決めて、その時間だけ集中させるといいでしょう。

この集中ということでは、おもしろい実験があります。ポケットのなかに百円玉を入れて、どちら側に100という数字が書いてあるかを当てるときの、脳のはたらきを調べたのです。

すると、脳のなかでは、百円玉の表面に集中するため、目にしたものが何であるかを調べる後頭葉のはたらきが低下するのです。目を閉じたり、壁などを見るともなしに見て、ボーッとしたような表情になるのはそのせいです。

つまり、脳はひとつのことに集中すると、それをじゃまする部分の活動を抑えこむのです。集中すればするほど、勉強ははかどるのです。

効率よく脳をはたらかせるための環境づくり

空腹のままでは脳が腹ぺこに

最近は、朝食を食べずに学校へ行く子供が増えているそうです。また、世の中の風潮のせいか、まだ小学校の中学年ごろからダイエットと称して、ごはんを減らしたり、抜いたりする子供たちもたくさんいると聞きます。

食事を抜いたりすることが、体にいいはずがありません。ましてや成長期の子供がそんなことをすると、心身のバランスよい発達がのぞめなくなります。脳も体の一部なのですから、ごはんを食べないと成長できませんし、活発にはたらくこともできません。

食べたごはんやパンは消化吸収されて、最後はブドウ糖になって、体の細胞

で使われるのですが、脳の神経細胞は、ブドウ糖と酸素しかエネルギーとして使えません。ブドウ糖が十分でないと脳は活発にはたらかないし、不足するとあっという間に死んでしまいます。

しかも、脳はエネルギーの大食漢なのです。人間の脳は一二〇〇〜一四〇〇グラム程度ですから、その重さが体重に占める割合は約二パーセントです。それなのに、体全体のエネルギー消費量の一八パーセントも必要とするのです。

さらに、体のほかの部分はブドウ糖を保存しておくことができるのに、脳はそれができません。つねに食べ物として補給してやらないと、すぐにエネルギー不足になってしまいます。ブドウ糖のもとになる主食(=穀類)は、三食しっかりとらないとダメなのです。

脳がエネルギーとして使うのはブドウ糖と酸素だけですが、脳内のネットワークをつくる神経線維をのばして太くしていくときには、当然のこととして、体をつくるためのアミノ酸や脂質なども欠かせません。脳を育てるためには、バランスのいい食事が必要なのです。

このごろは「頭にいい」などを売り文句にしたサプリメント(補助食品)が人気のようですが、その効果はほとんど期待できません。また、自然食などのいわゆる健康食品は、「健康にする食品」ではないことに注意してください。

体に必要なのは、タンパク質、脂質、糖類の三大栄養素のほかに、ビタミン類やミネラル類などですが、特別に健康にするような物質は存在しません。つまり、これらをバランスよくとることによって、健全な体が生まれてくるのです。

近い将来、すばらしいサプリメントが発明されるかもしれませんが、いま現在は、脳にとってはバランスのいい食事よりよいものはありません。

ですから、勉強をする前には、ごはんをしっかり食べるようにします。子供たちの脳のエネルギーがちゃんと補給できているかどうか、バランスよく食べているかどうかをチェックしてあげてください。

食後三〇分ほどは、消化を助けるために体を休めます。食事の直後は、消化器官への血流が増えます。食べてすぐに勉強を始めるのもよくないですし、食べすぎるのも感心しません。

とくに大切なのは朝食です。朝食抜きで学校へ行くと、脳がエネルギー不足のまま一日を開始することになります。それでは授業がわからなくなりますし、力も出てきません。

テレビやラジオを消して集中できる環境を

勉強するときは、テレビもラジオも消してください。テレビなどから会話や音楽が聞こえてくると、その会話や歌詞を聞こうとして、脳がはたらいてしまいます。

司令塔である前頭前野はもちろんのこと、「目にしたものが何であるかを調べる」後頭葉や、「言葉の意味を理解しようとする」ウェルニッケ野などは勉強のときにも使う部分です。そこをテレビやラジオのために使ってしまうと、勉強はまったくはかどらなくなります。

たとえば、一から百までの数かぞえをしてストップウォッチで時間を計ります。つぎは、テレビをつけながら、同じように一から百までの数をかぞえます。同じ数かぞえなのに、テレビをつけたときのほうが遅くなります。

もし、二回めの「テレビをつけながら」のほうが速くなったという人は、テレビ放送の内容を思い出してみてください。まず思い出せないはずです。なぜなら、テレビの音に注意が向かないよう、ちゃんと脳がはたらいていたからです。

つまり、わたしたちの脳は、集中したいときにほかの情報が入ってくるのを嫌うのです。先ほどの百円玉の実験でもわかるように、脳が指先に神経を集中するために、「目にしたものが何であるかを調べる」後頭葉のはたらきが制限されるのです。

もっと厳密にいいますと、指先に神経を集中させると、後頭葉の血流が下がることを、わたしは発見したのです。繰り返しになりますが、わたしたちの脳はひとつのことに注意を集中するようにできているのです。

ですから、テレビをつけながら勉強しようとしても、テレビのほうに注意がいってしまいます。自分がつけたテレビでなくてもそうなのですから、子供が宿題などをしているときは、親のほうも腹をくって、きっぱりテレビを消すようにしたいものです。

また、空腹だったり、何か心配ごとがあったりしても、そちらに気をとられて脳のはたらきがじゃまされます。まず食事をすませたり、心配ごとを先にかたづけるなどして、落ち着いて勉強できるような環境をつくってやってください。

睡眠不足は脳のはたらきを妨げる

わたしたちは一日に八時間ほど寝ます。つまり一日の三分の一、ということは人生の三分の一近くを眠ってすごすことになります。これをもったいないと考えて睡眠時間を減らすと、脳の機能がものすごく低下して、まったく頭がさえなくなってしまいます。

つまり、体に休息が必要なように、脳にも休息が必要なのです。眠かったり、疲れていたりすると、脳はしっかりはたらくことができません。眠いと感じるのは、脳のほうが「睡眠させてくれ！」と要求しているのですから、さからってはよくないのです。

脳のなかで「眠る」のは大脳だけです。延髄などほかの部分は、心臓を動かしたり、体温をコントロールしたりするために、まったく眠りません。夜となく昼となく、休まずはたらきつづけているのです。

大脳に睡眠が必要なのはそのとおりですが、ではなぜ眠らなければならないのかということは、まだよくわかっていません。最近の研究では、「睡眠中に脳がいろいろな記憶を整理しているのではないか」ともいわれています。脳には記憶を洗い流すしくみがあって、特別なことをしないかぎり、記憶は釘づけにされない――この「特別なこと」のひとつが「睡眠」と考えられる、というのです。

睡眠中でも、わたしたちの大脳は眠りっぱなしではなくて、眠ったり起きたりを数時間ごとに繰り返しています。夢を見ているときは、大脳が起きているときです。このときに目がきょろきょろと動くことから、レム（Rapid Eye Movement）睡眠と呼ばれています。

寝ている人のまぶたを見ていると、レム睡眠にあるときは眼球が動いているので、すぐにわかります。そのときに語りかけてみると、返事をすることがあります。それは脳が起きている証拠なのですが、他人の夢のなかに入りこむことになりますので、ほどほどにしましょう。

寝不足をこらえて勉強しても効率はよくないのですから、思いきって一日だけ勉強を休んだり、勉強の時間を減らすなりして、たっぷり眠るようにしてください。また、五分や一〇分ほど居眠りするだけでも、かなり脳を休ませることになります。

睡魔にはなかなか勝てない

ところで、睡眠については二つの思い出があります。ひとつは受験浪人中のことで、庭に建てたプレハブが勉強部屋でした。電気を消すとサボって寝ているというので、母に怒られますから、明かりをそのままにして寝て、ずっと朝まで消すのを忘れていたのです。

すると、近所で「あそこの息子は朝まで勉強している」と噂になりました。母は、わたしがすぐ眠くなることを熟知していますから、もちろん疑心暗鬼でした。あるとき、暖房器具の使いすぎでブレーカーが落ちてしまいましたが、不覚にも、わたしは眠ったままでした。

一時間ほどで目が覚めると真っ暗ですから、「なんで消すんだよ！」と母にねじこんでいって、逆にしこたま怒られました。それ以来、インターホンをつけられて「起きている？」といわれて返事をしないと、外からブレーカーを落とされるという日々が始まったのです。

もうひとつは、医師として産婦人科の専攻を考えたときのことです。産婦人科は出産時に「おめでとう」といえます。そこが明るくて魅力的に思えたのです。

ところが、子供というのは明けがたに生まれることが多いと授業で習いました。医学生のころは、夜一回寝ると朝まで起きられなかったので、そのような早い時間に起きている自信がありませんでした。残念ですけど、その道はあきらめました。

勉強がつらくなったときはどうする？

いまの子供たちは、「なぜ勉強しなくちゃいけないの？」とよく聞きます。この問いに答えるのは大人の責任というものでしょうが、それほど簡単なことではありません。

わたしが子供のころは、勉強は「するもの・させられるもの」として、あまり疑問もなく受け入れられていました。当時の価値観はまだそれほど多様化していませんでしたから、勉強で努力すると社会で成功できる、というふうにストレートに考えられていたのでしょう。

ですが、いまは社会そのものが大きくゆらいでいます。複雑で多様な価値観のなかで、大人たちも絶対といえるものを手中にできていません。大人たち自身が手応えのある生きかたに遭遇していないのですから、腹の底から自信をもつことなどできないのでしょう。

子供たちは、そのような大人たちを見ています。とくに親の生きかたのなかに、ある種のもどかしさを感じとっているのかもしれません。かつては大人が圧倒的な重さで与えてくれたものを、いま「なぜ?」と問うことで、必死になって探し求めているのではないでしょうか。

そういう子供たちに、なぜ勉強しなければならないか、その理由をはっきりと伝えてやらないといけません。それが大人の責務というものです。

勉強する理由のひとつめは、生きていくうえで「いつかかならず必要になる道具をつくる」ということです。これは、その個人にとって絶対的なものです。

たとえば、家を建てるときには金づちや釘などが必要です。子供たちは、いまそのような道具を、脳のなかにつくっているのです。ものごとを解決し、自分の道を切りひらいていくときに必要になる道具をつくる――これがいま勉強することの意味なのです。

しかも、この道具をつくるという作業は、自分自身にしかできません。親も道具をつくってやることはできませんし、先生にもできません。自分が勉強することで脳をいっぱいはたらかせ、それを何度も繰り返すことでしか、脳のなかに道具をつくることはできないのです。

すでに何度も考えてきたことですが、「読み・書き・計算という道具を自分の脳のなかにつくること」イコール「その道具をうまく使える脳をつくりあげること」になるのです。

社会の価値観がゆらいで多様化したとしても、子供たちは力強く生きていかなくてはなりません。さらに困難さが立ちはだかるかもしれませんので、さまざまな状況に対応していく思考力や創造力が、いまよりもっと必要になるでしょう。

そのような「生きる力」そのものが、意外に思えるかもしれませんが、実は学校での基礎的な勉強で培われているのです。このような教育システムはまさしく先人の知恵のたまものですが、脳科学がそのすばらしい意義を明らかにし

たのです。

勉強する二つめの理由は、長い年月をかけて「人類が培ってきた知恵を学んで、子孫たちに伝えていく――そのために人は生きている」ということです。

簡略にいいますと、勉強するのは「知識や知恵を自分のものにする」ためです。学びでの自主性は大切ですが、勉強というものには、ある程度の「つめこみ」が必要です。この知識のつめこみを否定すると、先人の知恵を学んで自分のものにするという目的からはずれ、しかも永久に身につけることができなくなるおそれがあるのです。

知識や知恵というのは、先人たちが積みあげてきたものです。言葉、数の概念、複雑な感情や思考を伝える能力など、それらすべてが現代のわたしたちにつながっています。

このような先人の知恵を学んで、それを後世に伝える——これが人生というものの意味ではないでしょうか。

子供たちは、その先人の知恵をたくさん学んで、それらの情報を前頭前野をつかって選別しながら、さらに自分の価値を加えていけるように、育てられるのが理想です。

少しむずかしくなりましたが、勉強というのはずっと受けつがれていって、未来の子供たちにバトンタッチしてやらなければならないものだと、お子さんに話してやってください。

わたしは勉強があまり好きではありませんでしたので、子供たちのつらい気持ちがわかります。でも、お父さんやお母さんがそのような話を聞かせてやると、「つらいけど、がんばってみよう」と受けとめるはずです。

遊びのなかで脳は大きく育つ

学校でも家庭でも、「読み・書き・計算」という基礎的な勉強がとても効果的であり、また大切なのですが、もうひとつ、そうして身につけた道具を使う能力を育てるのに欠かせないのが「遊び」、とくに「集団での遊び」です。

前頭前野＝心を育てるためには、遊びをとおして集団とコミュニケーションするのがいちばんです。しかも、設備や遊具などのないところで、異年齢の子供たちが群れて、新しい遊びをつくりだすような状況が、子供たちにはもっとも効果的なのです。

もちろん、コンピュータゲームなどのひとり遊びではよくないし、大人に指導される野球などのスポーツも十分ではありません。イメージとしては、かつてガキ大将が率いたグループ遊びがそうですが、なにも暴力的な集まりである必要はありません。

いまどき原っぱも多くないですから、町内の公園などでいいでしょう。六年生ぐらいを頭にして、下に二、三年生程度の子供たちが集まって、リーダーが提案した新しい遊びを始めます。その遊びをみんなで楽しいものにするには、小さい子供たちも参加できるようにルールを変更したり、その人数などに合わせて遊びの内容を変えたりしていきます。

夢中になって、仲間のなかでもめごとが起こったり、転んでケガをしたりする子供もいるでしょう。そんなときはリーダーを先頭にして、解決する方法を考えなければなりません。

実は、そのような手探り体験がいいのです。トラブルを自主的に解決するにはどうしたらいいか、それぞれの運動能力がちがうなかで、どのように遊びを工夫したらいいかなど、みんなの知識を持ち寄って考えることが、すばらしい能力を育てることにつながるのです。

そのような状況では、お互いにコミュニケーションする能力が要求されますし、創造性や協調性、自尊心や思いやり、自立心などが大きく育っていきます。

また、みんなとの遊びのなかで、これ以上ないほど「ハラハラ」と「ドキドキ」を体験します。かくれんぼで心臓が止まる思いをしたり、失敗しないよう気を張りつめたり、悔しさをがまんしたり、それらすべてが子供たちの前頭前野をぐんぐん発達させるのです。

そして、それがめぐりめぐって、「読み・書き・計算」で身につけた「道具を使う能力」を育ててくれるのです。このような循環システムが、成長というものの中身なのです。

わたしには遊びの思い出がたくさんあります。とくに小学校三年生までいた前橋市でのものが多いです。なかでも最大のものは、夏の灯篭《とうろう》祭り。子供たちがつくった高さ一メートル五〇センチほどの灯篭を、町内ごとに道ばたに立てるのです。

灯篭を見回るのがわたしたちの役割で、御祝儀や寄付金などの「あがり」があると、大人たちから六年生が「これがおまえたちの取り分だ」といってもらい、そのお金をみんなで分けるのです。

そして、隣町の子供たちが灯篭祭りを妨害しにくるのです。それを防ぐために自警団をつくって、小さい一年生は大きな六年生といっしょというような班に分かれて、見回りをして歩くのです。地域のなかの結びつきがすごくて、それこそ終日ドキドキの連続でした。

あっちで「出たぞーっ！」と声があがるとみんなで走っていって、わーっと歓声をあげて追い払ったり、今度は「こっちが危ないぞーっ！」といって反対方向へ走ったり、みんな金切り声をあげて、それはもう心臓がおかしくなるくらい興奮しました。

で、向こうの町内の灯篭祭りのときは、こっちが倒しにいくのです。たわいないといえばそれまでですが、そのような遊びの楽しさは忘れられません。わたしの前頭前野がそうしてきたえられたのだと思うと、よけいに、あのころの自分が輝いているように感じられます。

その町内の子供たちとは、スズメの巣をのぞきにいったり、ハチの巣をとったり、桑畑に侵入してクワの実を腹いっぱい食べたり、それこそ泥にまみれて遊びました。

うちの子供たちも、近所の異年齢の子供たちといっしょに外遊びをしました。四人兄弟という環境でもまれたのがよかったのかもしれません。家の裏山に彼らの秘密基地があったらしく、そこで遊んだり、何かを食べたりしていたようです。理想的な遊びかたをしてくれているな、と親として気持ちがほっとしたものです。

遊べる環境をつくってやろう

いまの子供たちは、遊具などがない場所に集まってもうまく遊べないのだそうです。わたしたち大人はまだノスタルジーの世界にひたることができますが、遊びの現役である子供たちには、思い出となるような外遊びの体験そのものが少なくなってきているのです。

そのように育ってしまったのは、つまるところ、家庭での教育に要因があるのでしょう。小さなころからの集団でのコミュニケーションや遊びの経験がとぼしいので、いわゆる知恵として自分の内部に積み重ねたものが少ないのです。

ではどうしたらいいのか。一番めは、まず子供たちが遊べる時間と空間をつくってやることでしょう。いま、子供たちは個々ばらばらに生きているように見えます。学校が終わると塾が待っていますから、みんなで放課後に集団遊びをすることなど夢のようです。

気ままに遊べる広場もさして多くありません。ボール投げは禁止、自転車の乗り入れもいけない、川遊びは危険だから立ち入り禁止など、子供らしさにあふれた遊びができる場所自体が少ないのです。これではテレビゲームに走るのもムリはありません。

遊びのなかでこそ脳は育つのですから、まず子供たちに遊びを保証してやることが大切になります。地域のなかで遊べる時間と空間をつくってやることは、子供たちの前頭前野を育てるうえでの急所ともいえるのですから、いわば大人の仕事になります。

そのような高所からの解決策を考えるとともに、まず手始めに、お子さんとすごす時間を増やしてみたらどうでしょう。これは、とくにお父さんがたに実行してもらいたいですね。

わたしは、ずっと四男とすごす時間の少なさを気に病んできました。上の三人の息子たちとはスウェーデン留学中に、いっしょの時間をたっぷり楽しめたのですが、帰国してから生まれた四男にはあまり時間がさけなかったのです。

そこで、急に予定に空白ができたときには、まだ小学生だった四男といっしょに野外へ出かけるようにしていました。仙台市の郊外の奥新川《おくにっかわ》というところへ、車に四男と五男のアルを乗せて、釣りに出かけたこともありました。

アルはイギリス原産のノーフォークテリアという種類の犬なのですが、急に川のなかを掘りはじめました。ワンワンと吠えながら、もう大騒ぎするのです。アルをどけてみると、なんとサンショウウオがいたのです。わたしも四男も、さすがにびっくりしました。

天然記念物のオオサンショウウオをかまうのはどうかと思いますが、こちらは全長が五センチほどの、円筒状の尾がかなり長いタイプです。イモリやヤモリと似たようなものですから、ちょっと不気味ですが、四男には生きている玩具です。すごくうれしかったようです。

奥新川というところはニッカウヰスキーの発祥地ですが、渓流沿いの仙山線をそのまま行くと、芭蕉の句で有名な山寺《やまでら》こと立石寺《りつしやくじ》のほうに通じます。車で三〇分ほど走っただけで清流に親しめたのですから、都市とはいっても、まだ仙台は恵まれていたほうでしょう。

ちょっと発想を変えただけで豊かな時間をもつことができるのですから、みなさんにも試していただけたらと思います。大都会にもそれなりの楽しみがあるはずです。まず家族がいっしょにすごす時間を増やすことから手をつけるのは、悪くないと思います。

日常のしつけと勉強とのつながり

もうひとつ、ここで「しつけ」について考えておきます。父のゲンコツの話を先のほうでしましたが、実はその大部分が勉強についてではなくて、食事とか身のまわりのこと、掃除のことなどの日常の生活作法についてのものだったのです。そこは母も同じでした。

中学生になってからの一時期ですが、自分でごはんをつくって、弁当をつくって、洗濯をしてという生活をしました。母が体調をくずして、しかも父がアメリカへ仕事に行っていたものですから、たった三カ月ですが、まったく自活していたのです。

そのような経験もあって、炊事や洗濯が苦痛ではない生きかたを身につけました。

勉強としつけは別だとする考えもあるでしょうが、わたしはあえて二つを結びつけてみたいのです。ひとつの生きかたのなかで、もしかすると両者は親しいのかもしれません。

たとえばテストでひどい点数をとったときに、わたしは親に見せませんでした。やり直したあとで処分して、テストそのものがなかったことにしました。それがいいとか悪いとかではなくて、そのような解決方法もありうることを、子供たちに知ってもらいたいのです。

よい脳を育てるということでいえば、その状況を読みとったうえで、うまく対処することも必要になるはずです。たとえば、低い点数のテストを持ってこられると親としてすごく残念です。点数がどうこうよりも、相手の気持ちを察する余裕すらないのかということです。

親が怒るところを見たいのか！　だったら怒ってやるぞ！　となるのが予測できないとすると、そこに寂しいものを感じます。もっとずるくていいのに、もっと自信いっぱいのパフォーマンスをしてもいいのに……と、いたく落胆してしまうのです。

人生は自分で切りひらくのだ——というと格好つけすぎに聞こえるかもしれませんが、実際のところ、誰かがやってくれるわけではありません。正直ぶってみせるよりも、ずぶとい身ごなしのほうが、ときには優れているということに気づいてもらいたいのです。

ちなみに、わたしは通知表の書き替えをしました。先生が書いたもとの点数をひかえておいて、その数字を似た筆跡で書き直して、それを親に見せてから、学校に戻すときにまた書き直してという手間のかかることをやったのです。

こういうことをするのは、実はすごく頭を使います。まず二、三種類のインク消しを買ってきて、ほかの小さな紙の端っこなどでテストを繰り返します。どのインク消しがいいかを全部実験してみて、これなら一〇〇パーセントうまくいくと確信したうえで犯行におよぶわけです。

たいへんな労力ですから、そのぶん勉強したほうがいいのです。ところが、生《き》まじめ一本槍でいくのがしっくりこない時期というのもあります。わたしとしては、そのような作業をすることで、ずいぶん頭がよくなったような気がしているのは事実です。

第3章

成長しつづける脳にバランスよい刺激を

脳の誕生と発達から「よい育てかた」を探る

受精後六カ月で大脳新皮質の構造ができる

この章では、脳が誕生してから大人の脳に育っていくまでの過程をたどります。とくにヒトと他の動物とを区分する「大脳新皮質」はなぜそのように発達したのか――この精巧きわまりないシステムの来歴を知ると、よりよい脳の育てかたの手がかりがつかめるかもしれません。

すべては、一個の受精卵から始まります。

小さな精子が卵子の壁を破って細胞内に入った瞬間に、ヒトの発生が始まるのです。そして約一〇カ月後には、身長約五〇センチメートル、体重約三二〇〇グラムの赤ん坊にまで成長するのですから、ここには「生命の不思議」のすべてが凝縮されています。

直径〇・一五ミリメートルの受精卵は、最初の細胞分裂をして二つの細胞になります。この受精卵の分裂したものを「胚《はい》」と呼びますが、胚はさらに分裂を繰り返しながら、二倍ずつに増えつづけ、子宮をめざして少しずつ移動していきます。

受精してから約七日後に、胚が子宮に到着して、その内膜の壁にくっつきます。これを着床といいますが、胚はここから急速に成長しはじめます。

三週めになると、もう脳や神経系がつくられます。一本のチューブのような形なので神経管と呼ばれますが、それがふくらんで三つの部分に分かれはじめます。五週をすぎると前方の部分が成長し、それがだんだん育って大脳半球になっていくのです。

八週めまでに、おもに脳や心臓、眼、手足などの器官がつくられ、九週めになると、それらの器官や組織が発達して、それぞれの役割を果たしはじめます。

この八週めと九週めがひとつの分岐点になり、九週めから出産までの胚を「胎《たい》児《じ》」と呼んで、それ以前の胚と区別します。

つまり、六〇日前後がひとつの生物学的な線引きの時期になるのです。五カ月すると、脳幹が発達します。脳幹は間脳、中脳、橋《きょう》、延髄からできていて、ヒトをふくめたすべての動物の生命活動を保つ大切な役割をしますから、この段階になると、もし早産しても生存できる可能性が出てきます。

六カ月までには、大脳の表面の部分にある「大脳新皮質」の構造が完成します。ここにはだいたい二〇〇〇億個近くの神経細胞があり、主に六層になって配列されています。そして、神経細胞から長くのびた手の部分（神経線維）が、脂質（脂肪組織）の膜で包まれてきます。

わたしは脳の細胞と情報の伝わりかたを、脳を「おにぎり」に、神経細胞を「おにぎりのごはんのつぶ」に、そして神経線維を「隣どうしがつなぐ手」にたとえて説明しています。

まず、神経細胞（ごはんつぶ）の、それぞれの細胞からいくつもの神経線維（つなぐ手）が出ています。この神経線維は、神経細胞からの情報を運ぶための「生きた電線」です。この電線が複雑に組み合わさって、脳のネットワークをつくっています。

ですから、脳（おにぎり）のはたらきというのは、神経線維という電線（ケーブル）でつながった、たくさんの神経細胞（ごはんつぶ）のはたらきのことなのです。

情報は神経線維という電線のなかを電気シグナルとして伝わるのですが、そのケーブルが脂質の膜で包まれると、それが絶縁体のはたらきをしてシグナルがまわりに漏れなくなり、伝達速度がぐんと速くなります。つまり、脳内に「特急回線」ができるのです。

そして、成長する神経細胞は枝分かれしてたくさんの長い手（神経線維）と短い手（樹状突起）をどんどんのばし、目的とする神経細胞（標的細胞）の長くのびた手と短い手とのあいだに、すき間のあるシナプス（synapse）という接合部をつくります。

このシナプスでは、つぎの神経細胞にそのまま電気シグナルを流さずに、

「神経伝達物質」と呼ばれる、さまざまな化学物質の力を借りて、その情報を伝えます。たくさんの小さな化学工場が、それぞれの神経細胞にくっついていると思ってもらえばいいでしょう。

こうして多くの神経細胞がシナプスによってつながることで、ある目的のためにはたらく大きなネットワークができていくのです。シナプスを介して他の神経細胞などから情報を受け取り、それにある操作を加えて、その結果を別の神経細胞などへ伝えるわけです。

胎児のころにすでに神経細胞どうしをつなぐシナプスが形成されるとはいっても、もっとも活発につくられるのは、赤ん坊として誕生してからになります。ですから、生まれたときの脳のネットワークというのは、つくりかけの高速道路にすぎないといえるのです。

少し専門的になりましたが、大脳はこうして完成していくことをまず理解してください。これを下敷きにすると、世間でいわれる「脳の常識」に惑わされることがなくなります。

五感も胎児のころから発達する

味覚、触覚、嗅覚、聴覚、視覚の五感は、だいたいこの順序にしたがって、胎児のうちにかなり完成されていきますが、視覚だけは未完成のまま生まれてきます。

一八週めごろ、おなかをなでると胎児が動くのが感じられるのは、胎児の脳の「さわられたことを感じる」頭頂葉の体性感覚野に、神経がつながったためと考えられます。

触覚を感じる器官はおもに皮膚や皮下組織にあり、体性感覚野では、その刺激が体のどの部分からきたかによってちがう神経細胞が興奮するので、どこがさわられたかがわかるのです。

二八週をすぎると、胎児は大きな音や声に敏感に反応します。それは、この時期に「聞こえたものが何であるかを調べる」側頭葉の聴覚野に、神経がつながったためと考えることができますが、言葉の内容まで理解しているかどうかはまだわかっていません。

生まれたばかりの赤ちゃんが見えているのは、おっぱいを吸うときのお母さんの顔のある、目の前二〇～三〇センチメートル先です。視覚は、その後一〇年ほどかけて完成していきますが、とくに「三歳までの視覚刺激」がとても大切になります。

嗅覚は、生まれたばかりの赤ちゃんでもかなりはたらいていて、母親の匂いをかぎ分けられることが知られています。

この五感の発達のしかたから、胎児に何らかの刺激を入れてやると反応することがわかります。ただし、そのよしあしが科学的に検証されないうちは、慎重でありたいものです。音楽を聞く、名前を呼ぶ、本を音読してやる、などでも十分に胎教の効果はあるはずです。

母体の栄養で胎児の脳の育ちかたに差が出る

胎児は母体から栄養を受け取るだけですから、お母さんの栄養のとりかたがすごく重要になります。胎児の前半期（妊娠五～六カ月）は脳が大きくなる時期、つまり神経細胞（ニューロン）が分裂して増えている時期ですから、ここでの栄養不良は深刻な結果をもたらします。

脳は栄養不良によってあまり影響を受けない器官（臓器）なのですが、胎児期はまったく話がちがいます。栄養不良が深刻になると神経細胞が分裂しなくなり、新しい細胞がつくられなくなることがあるのです。生まれてきても、病気に感染しやすい、などの心配が出てきます。

とくに大切なのはタンパク質ですが、このタンパク質をつくっているアミノ酸には人間が体内で合成できない必須アミノ酸がありますので、これをうまく摂取する工夫が必要なのです。

動物性タンパク質はすべての必須アミノ酸をふくんでいますが、植物性タンパク質はその含量がかたよっていたり、量が少なかったりします。ですから、妊娠時のお母さんがたはとくに動物性タンパク質（牛乳など）を多めにとるようにするといいのです。

たとえば、妊娠五カ月ころに動物性タンパク質のとりかたが足りないと、ニューロンの分裂が遅れて数が少なくなり、大脳新皮質そのものが薄くなることがあります。脳の成長が遅れて小さくなるのですから、ふつうよりも機能が低下し、この傾向が一生つづいてしまう危険性があります。

こう見てくると、お母さんがバランスのよい食事をとるのが最高だとわかります。脳のエネルギーはブドウ糖と酸素だけですが、脳が成長する時期にはタンパク質も大事です。自分の脳をよく育てようとすると、おなかの赤ちゃんの脳もよく育ってくるのです。

もちろん、危険な化学物質や薬物をとるのはよくありません。サリドマイド事件では、妊娠初期に服用した睡眠薬サリドマイドによって、四肢などに障害

をもつ子供が生まれました。

また、妊娠早期に風疹ウイルスに感染すると、生まれてくる赤ん坊が、耳などの聴覚に障害があったり、精神の発達が遅れるなどの風疹症候群になることがあります。

これらの物質やウイルスは胎盤をとおして胎児に届くのですが、それが妊娠の初期であればあるほど、大きなダメージを受けてしまいます。胎児になる以前の胚芽の段階の、まだ分裂する前のごく少数しかない細胞が被害を受けると、その影響はすぐ全体におよびます。

ストレスもよくありません。お母さんが腹を立てるとアドレナリンなどが分泌され、血圧が上昇して、血管が収縮する傾向が強くなります。これらのホルモンは胎盤からすぐに胎児の体のなかに入り、その血管を収縮させ、心臓の拍動が速まってくるのです。

胎児の血管が収縮させられると、脳に送られる血液の流れが悪くなり、酸素が送られなくなります。酸素が送られないと、神経細胞の活動はだんだん鈍くなり、分裂のしかたも遅くなってしまいます。それが極端になると、神経細胞が死んでしまうこともあるのです。

また、妊娠中のストレスによって、男性ホルモンのアンドロゲンの放出量が左右され、その胎児の性指向が影響を受けるといわれることがあります。男の性器なのに脳は女型、あるいはその逆などの、ホモセクシャル（同性愛者）などになりやすいといわれるようです。

ですが、ここはまだ研究の余地のあるところです。男女の脳にちがいはあっても、それを男脳と女脳に分別することが妥当なのかどうか、まだよくわかっていないのです。

酒とタバコは脳に多大なダメージを与える

もうひとつ、アルコールの害があります。妊娠中にアルコール飲料を飲んだ女性から生まれた子供に、知能や発育の障害がみられることがあるのです。

はるか昔から人類は酒をたしなんできましたから、その効用はよく知られています。酒を飲むと食欲が増進し、気分が開放的になって、リラックスできます。

ところが、酒などのアルコール飲料には「依存症をもたらす」「脳を萎縮させる」という欠点もあるのです。

たとえば、アルコール中毒の女性から生まれた赤ん坊の脳の構造や行動に異常が発見されるものを「胎児性アルコール症候群」といいます。胎児の脳の神経細胞が大量死するためと考えられていますが、その引き金になるのは、胎盤をとおってきたアルコールなのです。

アルコール依存症というのは、大脳の内側にある古い皮質の大脳辺縁系を活発にし、神経細胞の伝達にかかわるドーパミンという麻薬物質を放出させることで、陶酔感や快感を得ようとして、毎日のように、大量のアルコールをとる状態であると考えられています。

このアルコール依存症の人が飲酒をやめると、幻聴、幻視、手足などのふるえ、不眠などの禁断症状があらわれます。これから逃れようとして、さらに飲酒を重ねるという最悪のパターンをたどると、心身ともにボロボロになってしまいます。

また、アルコール依存症になると、脳が萎縮してしまいます。依存症とまでいかなくても、毎日の酒量に比例するかたちで、脳が少しずつしぼんでいくようです。アルコール自体も打撃を与えますが、アルコールが分解してできるアセトアルデヒドのせいらしいのです。

しかも、萎縮がいちばん顕著なのは、「思考や判断を受けもつ」前頭葉と、

「いろいろな記憶がしまわれている」側頭葉なのです。深酒を繰り返していると「考えがまとまらない」とか「人の名前が思い出せない」というふうに、頭のはたらきが劣化しかねないのです。

従来、アルコールによる脳の萎縮は回復不能とされてきましたが、最近の研究によると、アルコールを絶つと前頭葉の体積が回復するといわれています。そのしくみはまだ解明されていませんが、脳のそのような柔軟性と復元力には、いまさらながら驚かされます。

タバコによる呼吸器や心臓などへの害はよく知られていますが、少量のニコチンが脳を刺激することで、一時的に、集中力や注意力が増大するなどの効果があることも事実です。

ところが、タバコの煙にふくまれる一酸化炭素が血液中に取りこまれると、赤血球のなかの酸素を運搬する役割のヘモグロビンと結合して、血液中の酸素を欠乏させ、脳に一過性の障害をもたらします。喫煙が習慣化すると、頭のはたらきは悪くなります。

また、タバコの煙の一酸化炭素やニコチンは、胎盤をとおって胎児の体内に入り、胎児の成長に悪影響を与えることが知られています。

生まれた赤ちゃんの脳はぐんぐん育つ

受精から約三八週間（二六六日）をすぎると、胎児はお母さんの産道をとおって、赤ん坊として誕生します。しかし、立ち上がることもできず、体温を保つ毛も生えていませんから、産着《うぶぎ》にくるまれて温めてもらい、母乳やミルクをもらって生きていくしかありません。

ウシなどの草食動物の新生児は、生まれてすぐに立ち上がって歩きます。ところが、ヒトの赤ん坊は生後一年しないと立ったり歩いたりできません。つまり、ヒトの子供はほかの哺乳類の子供たちに比べて、約一年ほど早く生まれてくるといえるのです。

このような現象を「生理的早産」といいますが、ヒトは生後一年すぎて、ようやく他の哺乳動物の新しく生まれた子と同じような発育状態になるのです。

この理由は、ヒトの脳の特質にあります。ヒトがサルと分かれたあと、大脳皮質が発達して頭部が大きくなり、育ちすぎると産道をとおることができなくなったせいなのです。

このように、哺乳類↓霊長類↓ヒトという進化の過程で大脳皮質が大きくなった現象を「大脳化」といいます。また、個体発生は系統発生を繰り返しますので、ひとりのヒトの発生過程のなかに、その種としての進化の変化過程が見られ、大脳皮質が爆発的に増加するのです。

そこで、まだ未熟なまま、脳がそれほど大きくならないうちに、お母さんの産道をとおって生まれてきて、それから急激に成長するという選択がなされたわけです。

脳の重さはヒトの脳の発達をはかる指標になりますが、生まれたばかりの赤ちゃんの脳の重さは四〇〇グラムくらいしかありません。ところが四歳から五歳になると、約三倍の一二〇〇グラム、大人になると一三〇〇〜一四〇〇グラムくらいになります。

ただし、これは細胞の数が増えたせいではありません。生まれるともう脳の細胞の数はほとんど増えることはなくて、神経細胞どうしをつなぐ神経線維（隣どうしをつなぐ手）とシナプスがどんどん増えた分で、脳が重くなっていくのです。神経細胞自体も大きくなっていくことが知られています。

では、なぜ神経線維が増えるのでしょうか？　情報を伝えるために、神経細胞はたくさんの手（神経線維）をのばして、目的とする神経細胞からのびた手とのあいだにシナプスをつくる、というプロセスを思い出してください。情報を流せば流すほど、神経線維が増えて重くなるのです。

新しいことを学習すると、その情報を伝えて処理するために、脳は活動を始めます。新しい刺激が入力されると、そのつど脳が活発にはたらくのですから、順序よく刺激が与えられると、脳はそれに応えるようにぐんぐん育って、重さを増していくのです。

乳児の脳は目からの刺激がカギになる

赤ちゃんには、すべてが学習になります。生後二～三カ月すると前頭前野がはたらきだし、まわりのものを見ることや聞くこと、ものを触って感じることができるようになります。

また、つぎに起こる何かを予想して待つことができるようになるので、「いないいないばあ」のような遊びがいいといわれます。何度も繰り返すと、だんだん長い時間覚えることができてきて、記憶にもとづいて意図のある行動ができるようになるともいわれるようです。

生後九～一〇カ月がすぎると、首や背中の筋肉が強くなり、バランス感覚が発達してきますので、「はいはい」や「おすわり」ができるようになります。すると、目の高さが変わり、新しい視野が得られます。この目からの情報が、それまでにない脳への刺激になります。

第2章で、目に見える風景が六〇度ずれるようにした実験を紹介しました。いろいろ試しているうちに、手や腕が、思った場所にすっと動かせるようになる経緯は、まさしく乳児が問題を処理していくプロセスと同じなのです。

ある動きをするためには、脳が神経細胞に指令を出して、それが筋肉に伝わる必要がありますが、それと同時に、筋肉がその指令にきちんと応答しなければなりません。つまり、脳と筋肉とがうまく協力しあわないと、特定の動きはできないのです。

さらにいいますと、脳からの指令が伝わるためには、多くの神経細胞がシナプスによってつながり、ある目的のためにはたらく大きなネットワークができていなければなりません。

何度も繰り返して刺激を与えてやると、赤ちゃんの脳のなかに形成された神経のネットワークが強化されて太くなり、消えることのない、恒久的なものに育っていくのです。

何度もいいますが、生まれたばかりの脳内のネットワークは、まだつくりか

けの高速道路なのです。赤ちゃんにさまざまな課題を与えると、それを解決しようとして、まだ未熟なネットワークのなかを、電気シグナルが走りたくてうずうずしはじめる状態になります。

いろいろ試行錯誤したすえに、赤ちゃんなりの解答がかならず見つかります。それは神経細胞どうしが手をつないでシナプスを形成したということですから、同じことを何度も繰り返すとシナプスは強化され、赤ちゃんは満足の笑みを浮かべるかもしれません。

生後一四～一六カ月で、よちよち歩きができるようになります。この歩行の始まる時期はずいぶん個人差があります。一二カ月でもう急速な歩行ができる子もいれば、二歳近くになってもよちよち歩きがうまくできない子もいますから、気長に見守ってやることが大切です。

ちなみに、わたし自身は、つかまり立ちや伝い歩きの時期を経験せずに、いきなり歩きはじめたそうです。それまで脳がひそかに学習を積んできて、神経細胞と筋肉が協調しはじめたとたんに、第一歩を踏み出したのかもしれません。

三歳までの脳の特徴をつかんでおこう

ある時期、「三歳児保育」がとても有効だといわれたことがありました。神経細胞の樹状突起（神経線維としてのびる手）の成長がその時期にすでにさかんに見られるので、保育を強化してどんどん刺激を入れてやろう、という考えにもとづいたもののようです。

脳の神経細胞の数においては、三歳の幼児も大人と同じです。ところが、幼児は大人と同じ行動ができません。なぜなら、神経のネットワークがまだ十分に発達していないからです。

神経細胞（ごはんつぶ）からいくつもの神経線維（つなぐ手）が出ていて、これが情報を運ぶための「生きた電線」になっています。この電線が複雑に組み合わさってネットワークをつくっているのですから、それが未発達だと、情報が伝わる量と速度はちがってきます。

この神経のネットワークの未発達には、二つの意味合いがあります。

第一は、神経線維（つなぐ手）がまだ十分にのびていなくて、目的の神経細胞とのあいだにシナプスが形成されていないこと。つまり、まだネットワークが接続していないのです。

第二は、情報を運ぶ「生きた電線」がまだ脂質の膜で包まれていないため、シグナルがまわりに漏れたりして、伝わるスピードが遅いこと。脳の性能を決めるのはシグナルの伝達速度なのですが、三歳の幼児ではまだ高速道路ができあがっていないのです。

大切なのは、子供というのは発達段階にそった経験をとおして学習をつづけ、少しずつ成長していくものだと認めることです。個人差もありますから、あせる必要などありません。

ヒトの脳は、下方にある爬虫類の脳、旧哺乳類の脳、新哺乳類の脳、というふうに発達していきます。これを脳の部分でいうと、脳幹から中脳、大脳辺縁系、大脳新皮質というように上方に発達していくことになります。つまり、高級なはたらきの場所ほど遅いのです。

たとえば、大脳のなかの運動の指令を出す「運動野」は生後二年くらいで、神経線維ののびが完成しますから、それなりの運動ができるようになります。ところが、言葉の意味を理解する「言語野」は二〇年近くもかかってようやく完成するのです。

とくに、脳でいちばん大切な前頭前野では、二〇歳くらいまで細胞どうしがつながり、発達していきます。ヒトとしての高度な精神活動に欠かせないところほどゆっくり完成するのですから、わたしたちに三歳ころまでの記憶が少ないのはムリもないことです。

子供は、就学年齢になる六～七歳ころには基本動作ができるようになります。その発達段階をよく考えて、ムリをさせず、その成長ぐあいを祝福してやればいいのです。

早期教育が脳の発達を妨げる危険性

序章で、三歳以前の早期教育には賛成できないといっておきました。

三歳までの脳には不必要なくらい多くの神経のネットワークがつくられ、三歳をすぎると使わないネットワークが退化していって、使うところだけが能力を高めていくという作業が行なわれます。つまり、「シナプスの過形成と刈りこみ」という調整がなされるのです。

わたしの仮説ですが、三歳までの子供の脳は、親とのふれあい、親兄弟や友達との遊びなどからいろいろな刺激を受けて、それをいったん吸収して、過剰なくらいネットワークを広げます。これが、のちの成長のうえでのバランスのよいネットワークの基礎をつくることにつながる、と思うのです。

ところが、三歳以前に早期教育などによって何らかの刺激が入力されると、このシナプスの刈りこみが不十分になったり、いびつなものになる危険性が生まれてきます。

たとえばピアノや英会話などを教えこむと、それなりの効果はあるかもしれません。まだ小さな指がピアノの鍵盤の上を踊るところなどに、親としてうっとりするのもわからなくはないのですが、それによって脳が特別なものになると困ってしまいます。

ピアノの演奏などには敏感になっても、ほかの刺激への反応が少なくなり、ひとつのことだけしかできない脳に育ってしまう可能性があるのです。

何事も、過ぎたるは、およばざるがごとし。早期教育で何かをやらせるにしても、ほどほどにするのがよいでしょう。

そして、いちばん重要なことは、両親と子供のコミュニケーション、肌と肌のふれあいであることを忘れないことです。

そもそも人間は、その発達の時期に応じて、適当な刺激を与えられることにより、段階的に能力を高めていきます。何かをしないでいると、それを忘れていきます。繰り返すと、また覚えます。こうしてジグザグしながら、神経のネットワークが変化していくのです。

過保護ということの意味は、ひとつは、子供が取り入れて、それに適応して行動を起こすより以上に、たくさんの刺激が与えられ、それが原因で脳が適切に発達できなくなること。二つめは、刺激が多すぎるため、子供がやるべきことを、親がやってみたりすることです。

子供をちやほやすることが過保護なのではなくて、不必要なほどの刺激を与えておいて、子供が処理できないからといって親がしゃしゃり出てくる――これを過保護というのです。

ちなみに、わたしは小学校の低学年のころにピアノを習っていたのですが、やめたとたんに右手と左手がいっしょにしか動かなくなりました。いつも先生に鍵盤の叩きかたがよくないと注意されていたのですが、うちにはオルガンしかなかったので、ピアノみたいに指が使えるはずがないじゃないか！　などと幼い前頭前野で反発していたものです。

大人の脳に変わる「九歳半の節」の対処法

第1章で考えた「九歳半の節」について補足しておきます。

脳科学からは、そのころに前頭前野が「子供型」から「大人型」に変わることが知られています。素直にいうことを聞いて、学習がよく身について効率のよかった脳だったのに、理づめで納得しないと気がすまない、いわゆる「大人的な脳」に変わっていくのです。

まず発達心理学からの、小学生の学年ごとの発達の特徴をまとめておきましょう。ちょうど九歳から一〇歳にかけてが質的な転換期だとされますが、その前段階と比べてどうなのかを知っておくと、対処のしかたへのヒントがつかめるかもしれません。

■一年生――幼児から児童へと移り変わる時期なので、まだ残っている幼さに気を配ってやるといいでしょう。○をもらうと「できる」と信じ、×だと「できない」と信じる段階なので、学習ではヒントを与えてやることが大切になります。機械的な記憶力と想像力がすごく伸びますから、うまく誘導してやると、脳はそれに応えてどんどん発達してきます。

■二年生――少しずつ競争心が芽生えてきて、何かを達成しようとする意欲をもつようになります。自分はこれでいいという自己肯定感が育ってくるので、それが逆に、自己中心的な発想を少しずつ消していきます。ところが、悪口やいじわるも得意になってきます。

数ではだんだん抽象的な考えができてくるので、百の位、千の位がわかってきます。機械的な記憶力がめざましい時期なので、九九を覚えさせるのに適しています。

■三年生――少年らしさや少女らしさが目立ってきて、ほかの子たちがどのように評価されるのか気になりはじめます。公平感が育ってくるので、先生のエコひいきに敏感で、お母さんへも批判の目を向けるようになります。ところが、お父さんのいうことには素直になります。また、読書が好きになり、学習での「つめこみ」も苦にしません。

■四年生――その子らしい特徴がはっきりしてきて、親からの遺伝を気にして劣等感をもつ場合もあります。勉強や成績への関心が高くなり、どうしたら成績がよくなるかを考えはじめます。お母さんのいうことを聞かなくなり、お父さんの意見や経験などを尊重するようになりますが、これはもっと外の世界の情報がほしくなるからです。

いわゆる「ギャング・エイジ」と呼ばれる時期で、自分の判断や意見を通そうとする気持ちが強くなり、優れている劣っているということに敏感になります。「大人型の脳への転期」なので、一人前と認められることで精神が安定するようになり、「つめこみ」を嫌いはじめます。

■五年生――これまでの機械的な記憶力にかわって、ものの意味をわかったうえで、論理的に整理しながら覚えられるようになります。文法的に正しい話しかたができるようになり、接続詞を適切に用いた大人的なしゃべりも身についてきます。

ただ、この時期になると勉強での差が大きくなるので、成績のいい友達を尊敬するようになり、追いつきたいと努力する一方で、競争心の重みにつぶされるタイプも出てきます。

■六年生――五年生からの傾向は同じですが、さらに強められていきます。勉強でがんばる気持ちはもっていても、能力を自己判定する傾向も見られるので、低いラインで妥協するタイプも生まれてきます。また、ムリな要求をされると反発するようになってきます。

友達とうまく競い合っていけるのが理想ですが、競争的な関係をうまく受け入れられないで、内部に引きこもってつらくなるタイプも見られます。勉強での差は大きくなっていくばかりですから、ひとりで問題を解決していく気持ちの強さを育ててほしいところです。

全体をとおして、教育システムは、その基本に「臨界期」を考えに入れています。その環境が脳におよぼす影響がもっとも大きくなる時期を考えて、カリキュラムが組まれているのです。次学年までにできればいい、という考えは子供たちのためになりません。

以上からすると、発達心理学の定義ではちょうど四年生から五年生のころに「九歳半の節」がくることになります。

ところが、脳の発達には個人差があり、かなり「ばらつき」があるのです。

女の子は九歳～一一歳くらいまでに、男の子は少し遅くて一二歳くらいまでに、子供の前頭前野から大人の前頭前野へと変化するようです。

まだ科学的に証明されていませんが、生物学的に見て、子供の型の脳のほうが効率のよいシステムをとっている可能性が高いので、学習が身につきやすいといえるはずです。

ですから、とくに低学年のうちに、「読み・書き・計算」という寺子屋式の「つめこみ」をして基礎的なスキルを道具として使えるようにすることが大切なのです。理屈っぽく反発するようになる以前に、ひたむきに反復練習をすることで、脳のなかに道具をつくってやるのです。

そして、高学年になると「ゆとり」教育に移行するといいのですが、その段階になってもまだ道具ができていない場合は、少し学習効率が落ちてきてはいても、歯をくいしばって「つめこみ」をさせてやらないと、その子の先行きに大きな不安が残ります。

頭ごなしに「やりなさい！」といわれると反発する場合がありますから、練習ドリルを変えるなど、楽しい雰囲気を演出して、気持ちを一新させてやることも大切になります。

第2章で考えたように、「なぜ勉強しなければいけないの？」という子供たちの問いかけに答えてやりながら、親子の気持ちのキャッチボールを心がけるといいでしょう。

父と母がになう役割の偉大さを自覚しよう

生物学から見るオスとメスの役割

　ここでは、生物学的なオスとメス、つまり男女の相異と、その役割について考えてみます。夫と妻、父と母といい換えても、その根っこを分別するのはオスとメスという性差です。

　すでに序章の「乳児期の親子関係がいちばん大事」という項目でふれておきましたが、わたしの理想として、父親（＝オス）というのは、一個の家庭をつくるなかで、母親（＝メス）が安心して子供を育てられる環境をつくることを役割にすべきだと考えています。

　とくに乳幼児期がそうです。ヒトの子供は、ほかの哺乳動物の子供より一年も早く生まれてくるのですから、母親に抱かれて温めてもらい、母乳をもらうしか生きるすべがないのです。この時期に、安心して子供といっしょにいられないようでは家庭は成り立ちません。

これは収入の面でも同じです。そのときに母親が外へ稼ぎに出なければすぐに生活に窮してしまうということのないよう、父親は身を粉にして働かなければなりません。

お金がすべてではない、というのはそのとおりです。子供と母親が、心も体もくっついていられるだけの、その最低限を少し上回るだけでもいいのです。すべての動物たちがやっているのと同じように、当たり前のことを、過不足なくやればいいだけのことです。

よく「母は強し」といいますが、たしかに女性は子供を生むとすっかり変わります。ところが、父親には、女性のお産に相当する通過儀礼のようなものはありません。どこか幼さを引きずったまま、自信がもてずに、子育てでも傍観者としての顔を消せないでいます。

ですが、これは生物のオスとしてしかたがないことです。母乳を出せませんから、育児に追われる母親のまわりをうろうろして、赤ん坊に「バアッ！」などとおどけたつもりで、大泣きさせたりして、役立たずの父親像というものをダメ押しするのが関の山です。

よく冗談半分でいうのですが、オスも母乳が出せて、オスとメスのどちらも哺乳できるというシステムになると、家族のありかたが変わって、おもしろいことになります。ただ、地球上の生物はそのようにできていないわけですから、オスは子育てのための環境を守るか、それとも無責任に遊び歩くか、そのどちらかが動物としての心理になります。

オスとメスの性差について、二〇〇万年もの長い狩猟と採集生活によって、オスとメスの脳の機能がついに男型と女型に分化し、それが役割分担として固定化されたといわれたりします。いわゆる男脳と女脳のちがいは、そのときの分業から始まったとする考えです。

ですが、長い狩猟生活のはてにそうなったのは事実だとしても、オスとメスの役割分担を決めたのはメス——メスのみが所有する特質がそうさせた、とわたしは思っています。

なぜなら、生物学的には「まず最初にメスありき！」だからです。メスは、子供を生んで遺伝子をつなげるという大切な役割をもっています。生物としての中心はメスであり、メスになれなかったのが可哀想なオスなのです。まだ生命が「卵」の段階から、そうなのです。

そのような意味で、子育て以外のところを任せられたのがオスですから、当然、食料をとってくる作業が配分されたわけです。そしてまた、ヒトは子育てに手がかかるという種族だったがゆえに、任務がそのように割りふられたといういいかたも可能です。

ほかの哺乳動物のように、子供が生まれてすぐに動けるようであれば、ライオンなどがそうであるように、オスがいてもいなくても、メスがエサもとってくれれば子供も育てるということがおそらく可能だったのではないか、などと考えたりします。

いまの母親には家庭が居場所ではない？

「公園デビュー」は、いまでもよく話題になります。子供を公園に連れていって遊ばせるのに、母親のほうが自信がなくて、強いプレッシャーを感じてしまっているからでしょう。

この「公園デビュー」からは、いまの母親たちの居場所のなさが感じとれます。家庭のなかこそが居場所だという気持ちになれなくて、「自分はこれでい い！」という自己肯定感をもてないでいると、どうしても母親どうしの社会に入ろうとしてムリをするのでしょう。

公園ではトラブルなしが至上命令だと聞かされていますから、子供に「〇〇はダメ」式の急ごしらえのしつけをして、うまく遊んでちょうだい！　と背中を押してやるのでしょう。

ところが「親の心子知らず」ですから、シャベルを取り合う、砂をぶちまける、キーキー泣きさけぶ、などの修羅場になります。子供たちにはそれも遊びのうちなのですが、母親のほうは「お里が知れる」ことで仲間はずれにされるのが怖くて、パニックになるようです。

実は、これらすべてが子供の成長の肥やしになるのです。他者の目が怖くて、母親がきびしい自己規制の網のなかにとりこむと、子供は学習のチャンスを奪われてしまいます。脳をたくさん刺激して発達させるせっかくのチャンスを、母親がつみ取ることになります。

ましてや、前頭前野が発展途上の子供に、交際マナーをのぞむのはムリがあります。

もちろん、父親にもたいへんな落ち度があります。

ヒトは群をなして暮らす動物ですから、当然、どこかに所属したいという本能のようなものをもっています。男であろうと女であろうと、その点ではまったく同じです。

父親のほうは社会に出ていくと、会社という名の居場所があります。なんだ

かんだとグチをこぼしても、父親たちは会社に帰属することが嫌いではないのです。家庭ではうまくいかなくても、そこが自分というものを「実現できる」かもしれない場所だからです。

ところが母親は、家庭に居場所がないとすると、どこかに不自然な集団でもつくって、そのなかに適応していかなければなりません。専業主婦だけがそうではなくて、よそに心底から帰属できる共同体をもたない多くの女性たちは、別の入れものを求めてしまうようです。

わが家も長男の子育てには不安だらけ

このような「居場所のなさ」は、すべての母親に当てはまるわけではありません。軽やかな身ごなしで育児期を乗りきる母親はたくさんいます。

ただ、いまの子供たちの危機のあらわれとして、母子が一体となって社会から孤立していく傾向にあるのは疑いありません。子育てに必要になる情報が混乱していて、母と子をいたわり勇気づけてくれる、社会的な寛容さがどんどん少なくなってきているからです。

なぜなら、子育てへの社会的な合意がすごくあいまいですから、子供のために「いいのか悪いのか」という判断が、個人的な体験としてしか語られていないからです。つまり、どうするのが母と子にとって最適なのか、すぐには答えが見つからない状況になっているのです。

この点について、わたしと妻はとても貴重な体験をしました。

長男が生まれて間もないころ、妻が幼児教育の教室と育児サークルに参加したのです。小さな子供たちとその親たちが集まるのは同じですが、前者は指導する先生がいて、月謝を払う教室形式でした。後者は、公民館の場所を借りて母親たちが当番制でやっていたものです。

前者の活動は、絵を描いたり、粘土をこねて作品をつくったりして、自分を表現するものでした。なかでも妻が気に入ったのは、野原に生えるよもぎを採ってすりつぶして、白玉だんごに入れて食べるというもので、みんなで季節感を味わうのが新鮮だったようです。

後者の育児サークルのほうは、みんなで子供をいっしょに遊ばせるのがねらいですから、当番のお母さんが「きょうはお絵かきしましょう！」などと提案するのです。それぞれ気の合うどうしでわいわいやりながら、楽しい時間をすごしたようです。

ところが、次男が生まれてからは二つともやめました。妻は育児に追われて時間がなくなったことを理由にしていましたが、わたしはそれだけではないと思っていました。

思い返してみると、長男のときには夫婦ともに子育てへの不安があったので、市販されている育児本などのマニュアルをしっかり読んだのです。医師なのになぜ？　という疑問はもっともですが、それはのちほど（次節で）説明しますので、先を急がせてください。

わたしはもちろんのこと、妻は一字一句も見逃さないというふうに読んでいました。そのうえで妻はほかの母親たちと情報を交換するわけですが、時々不安になったりしていたようです。

妻は一日じゅう長男といますから、幼児教育の教室と育児サークルの二つが、息抜きを兼ねた場所でした。しかし、そこで子育ての生きた情報を聞いてきて、うちの子はまだこんなこともできない、遅れているのではないか、と迷いが生じてくるわけです。

足りないのはいったい何だろう？

妻に疑問をぶつけられると、わたしも平静ではいられません。育児本にある体操をやらせないと発達しないのではないか、離乳食はこれでいいのか、などと落ち着かなくなります。

ところが次男が生まれてくると、まだ幼い長男と戦いながら、赤ん坊の面倒に追われるのですから、もうマニュアルを読んでいるヒマもなくて、いまさら不安だのなんだのといっていられません。なるようになる！　と居直るのにさほどの日数はいらなかったようです。ふっ切れてみると、それまでの不安は笑い話になりました。

子育てがつらいとか、怖いとか、いやだという感覚はいっさいなかったのですが、長男のときは、やはり多少なりとも、妻はブルーになっていたのでしょう。

わたしは外に仕事に出ているので、いくぶん傍観者的な気楽さがあったのですが、それでもナーバスにならざるをえませんでした。そこからすると、妻の悩みは深刻だったろうし、つらかったとも思います。孤立させて悪かったな、といまになって反省しています。

以上のことは、実は親の側の「心の余裕」の問題です。これが大家族だと、最初の子供のときはおばあちゃんがちゃんと教えてくれます。そうすると、ずっとマニュアルなしでいけますから、「適当にやっていると育つよ！」というのがわかるのだと思います。

オスには生物としての固有の役割がある

幼児期をすぎると、父親の出番がきます。母親（＝メス）との濃密な関係を終えかける一歳をすぎるころになると、子供たちは個として確立されてきます。その時期に、父親（＝オス）は各種の行動によって自分というものを示して、その存在を知らしめてやるのです。

また、いろいろな場所に連れ出して新しい経験をさせてやるのも父親の役割です。その父親という性に見合った体験をさせることがカギになるのですから、母親にはできないこと、母親には行けない場所、への導き役を引き受けてやれ

ばいいのです。

　これは人間社会だけではなくて、すべての動物たちがするようなことです。人生の先輩としてそうあってほしいというところに発する、絶対的に必要になるもの、生きていくうえで欠かせないもの――つまりは「知識や知恵」を学習させてやりたいという願いなのです。

　わたしの父は、そのあたりをよく考えてくれたようです。

　第２章で前橋市の灯篭祭りを紹介しました。そうした交流の場に「行ってきなさい！」と背中を押してくれたのは母ですが、それは父の意向を受けてのものでした。

近所の小さい神社の境内が本拠だったのですが、群馬大附属小学校の子で参加していたのはわたしだけでした。子供を附属小学校にやるのは一種の地域エリートですから、そういう母親たちは地元の泥くさいイベントに参加させたがらなかったのだと思います。

ところが、うちの父と母は、地域の集まりにどんどん参加させる主義でしたから、わたしは泥まみれで走りまわっていられたのです。

その父といっしょに赤城山へ登りました。前橋市の北東に富士山型の山塊がそびえていますが、千数百メートルの山頂めざして二台の自転車で出発したのです。自転車の荷台に太いゴム紐をつけ、それを子供自転車のハンドルに結んでつないで、父に引いてもらったのです。

五合目近くまで登ったのですが、小学校三年生の体力ではそこいらが限度です。下りにかかるとすごいスピードなので、両手でブレーキをかけっぱなしです。手ごたえ十分に作動していたのがふっと力を失って、ブレーキが壊れてしまって、田んぼへ自転車もろとも……。父と息子とでは、痛みと結びついた思い出が特別のものになるようです。

妻の場合は父と娘ですから、少し意味合いがちがったのでしょう。義父は税務署を定年退職してから税理事務所を開業した堅実タイプですが、ずっと植木いじりが趣味だったらしく、庭の木に梯子《はしご》をかけて自分で手入れするなど、その腕前は玄人はだしだったようです。

その義父がユニークなのは、まだ小学生の娘に盆栽のイロハを伝授したことです。枝はこうやって曲げるといいよと教えてくれたそうですから、愛すべき人柄ではありませんか。

子育てに打ちこむと前頭前野がきたえられる

ところで、「適当にやっていると子供は育つ！」ということと「ちゃらんぽらんに育てる」ということは別です。おばあちゃんの知恵的なものに導かれて、自分の思うように子供を育てる自信がもてると、それで半ばは成功したことになる、というふうに理解してください。

おそらく、ヒトはずっと昔から、子育てでの試行錯誤をつづけてきたのです。息子を自転車もろとも田んぼへ突入させる父親もいれば、小さな娘に松の盆栽を手ほどきする父親もいるのです。どちらが正しい、どちらが誤っているという問題などではないのです。

その気持ちに、「子供の将来に目をくばる姿勢」がありさえすれば、ときに「適当に」見えることがあってもいいのです。また、どこかいい加減なほうが、素のままの人柄に近いはずですから、そういう意味からしても、少しくらいタガがはずれていてもかまわないのです。

こう考えてみると、「子育て」と「哲学」とが異常なくらい接近してきます。「なぜ子供を育てるのか」というところを考えていくと、結局のところ、「なぜ自分はいまここに生きているのか」という哲学の問題に、まっすぐにつながっていくように思えるからです。

ところが、なぜ自分がここにいるのかということについては、まだ人間はその目的にかなった説明ができていません。哲学が生まれてから今日まで、ずっとナゾのままなのです。

人間をふくめた多くの生物たちは、すごい偶然の結果、この地球の上に存在していて、なぜか理由がよくわからないけれども、種としての遺伝子をつなぐということを延々と繰り返しているのです。まるでそこに何かの目的があるかのごとくに……です。

そして、われわれ人間だけが、そこに多少の疑問をもちはじめた史上初の生物なのです。しかも「種」を保存することよりも、「個」そのものを保存したい、ある特定の個体の遺伝子だけを保存したいと欲求するのが、人間のひとつのおもしろい特色でもあります。

ところが、個体の遺伝子というのは、どんなにがんばっても百年たつと消えてなくなります。それ以上は生きられないのですから、個体の情報を残すためには、やはり「種」としての遺伝子を残すしか方法がありません。

つまり、子供をつくるのです。

とにかく、ヒトにとっては子供をつくって子孫を残して、遺伝子をつないでいくということが何よりも崇高な行為であって、おそらくそこに疑問をはさめるのは、「なぜ自分たちがいま生きているのか」という問いに答えを出したときではないでしょうか。

しかも、この疑問への答えは、子育てのなかにだけ見えてくるのかもしれません。「子育てによってきたえられた前頭前野」だけが見つけることができるのだとすると、父親も母親も、それぞれの力の限りをつくすしかないでしょう。

子育てをおろそかにするということは、自分自身を否定することにつながります。父親と母親の役割から逃げたり、子供が生きるための欲求などを封じたりというのは、ものすごく愚かしくて、天にツバする行為なのかな、と思ったりします。

ですが、実のところ哲学めいた答えなどどうでもいいのです。

若いお父さんとお母さんには、子育てを存分に楽しんでもらいたいのです。

子供にひっかきまわされるころが、実は家族にとっていちばんいい時代なのです。当人たちは「どうしたらいいの？」と死にたくなるかもしれませんが、それもあとになるといい思い出になります。

何が頭のよしあしを決めるのか？

この近年、よく「ＤＮＡがそうさせている」という表現がされます。何代にもわたって受け継がれてきた文化や、人間の本質という意味合いで用いられる場合はわかりますが、人や組織の行動、性癖などの特別さをいうときにまで援用されるのは、ちょっと行きすぎです。

つまり、なんでもＤＮＡや遺伝子と結びつけると、混乱を招いてしまいます。

ＤＮＡというのは、デオキシリボ核酸（deoxyribo nucleic acid）という化学物質の略語です。四種類の塩基をふくんでいて、その塩基の配列のしかたで遺伝情報が決まります。この配列のうち、タンパク質のつくりかたが書かれた部分が遺伝子になります。

遺伝子のなかには、ものすごく多くの歴史が書かれています。母体のなかの子供の育ちかたをたどると、爬虫類になってから両生類になって、だんだん人間になってくるというふうに、個体発生のなかに系統発生が繰り返され、進化の歴史が一目瞭然なのです。

しかも、すでに情報が書かれているところに、さらに新しい情報がつけ足され、それが子孫へとつながれていくのです。その形質や気質といったものも、当然、遺伝子のなかに入っていて規定されている、というのが根本的なところです。

ところが、個体のなかで形質や気質がどのように発生して、どのように表現されるかというのは、その個体がおかれた環境によって、右に振れることもあれば左に振れることもある、というふうに、まったく異なるものになりうる、ということがわかっています。

たとえば、ある地域の人を百万人単位で調べると、その傾向として、遺伝子のなかにある気質をもった人たちと、それとは異なる気質をもった人たちに分かれるかもしれません。

しかし、個人レベルで見ると、そこには遺伝子に書かれている情報よりも、その人がいる環境の要因のほうが大きく発現している――と理解するのが、いまの考えなのです。

このような考えかたを、遺伝と環境の相互作用主義といいます。

たとえば、脳がどのように活動するかは、生まれつき、遺伝的に決まっています。別の表現をすると、神経系のはたらきは遺伝的にあらかじめ決まっています。そして、生まれたあと、遺伝と環境とが相互作用をしながら、各種のはたらきができあがっていくのです。

ですが、自分の頭が悪いのは生まれつきで、自分の親が悪い、というのは見当はずれになります。遺伝的に決まっているのは「知能」ではなくて、脳内の「神経ネットワーク」がどのようにつながるのか、どの時期にどの場所からつながるか、などだけなのです。

この遺伝的に決められたものに環境の条件がはたらくことで、神経ネットワークの数のちがい、はたらきかたの効率のちがいが起こってくるのです。

そして、正しい栄養と、その発達の時期にかなった刺激が与えられると、脳は正常なはたらきをもつようになります。栄養と刺激が与えられないと、このはたらきは停止します。

ですから、遺伝的に決まった神経系のはたらきは、ある程度、外から育てあげることができるといえるのです。決定的といえるほどの遺伝的な欠陥をもってさえいなければ、いわゆる一流大学に入学するぐらいの段階まで、脳を育てあげることは可能なのです。

ところで、「人間は白紙で生まれてくる」とか「育てかたでどんな人間でもできる」という意見もあります。これは、ある限度以上の力を加えると変形して、力を加えるのをやめても元の形に戻らない、という成長期の特徴（＝可塑《かそ》性《せい》）をいう場合にはそのとおりです。

人間がまったくの白紙の状態で生まれてくる、無形のものから有形のものができてくる、という意味ではありません。すべての生き物は、遺伝からは逃れられないのです。

日常の会話のなかで「DNAのせいでどうも……」などと言い訳をする場合でも、遺伝と環境とは相互に作用しあっていることを、ちょっと想起してほしいものです。

獲得形質は遺伝しないのか?

また、獲得形質は遺伝しないといわれます。

獲得形質というのは、環境要因などによって得た形質で、後世に遺伝的に伝えられないものをいいます。テニス選手の利き腕がもう一方より太く長くなる、バレリーナの爪先がタコのように角質化して硬くなる、などの後天的にできたものがそうです。

これらの形質が遺伝すると、利き腕が太くて長い子供や、爪先が硬化した子供が生まれてくることになります。もっと極端にいうと、学校の成績がよかった親から生まれた子供は、みんな成績がいい、などというヘンな話がまかり通ることになってしまいます。

ちなみに、親の小学校での成績と子供の成績とのつながりを調べたところ、もっとも関係するのは体育と図工と音楽で、その反対に、もっとも関連が少ないのが算数だそうです。

これは遺伝的なものではなくて、その環境に理由を求めるべきでしょう。

第1章で、わたしが学んだ国立大附属小学校、中学校という教育環境が、数学的センスのようなものを養ってくれたという気がする、といいました。

この数学への嗅覚のようなものは、生まれ持ったものではなくて、環境によって身についたものです。ある原理をつかませ、それをどのように応用すればいいのかを考えさせる、そのような特別な環境のせいで、いわゆる数学的センスが育ったのではないかと思っています。

ただし、この数学的なセンスはたえず高めていく努力をしないと消えてしまいます。その証拠に、大学での重積分や偏微分は、まるでお手あげでした。高校数学の延長だろうと甘く考えて、授業もろくに受けずに試験にいどんだところ、なにもわからなくてアセリました。

わたしの数学的センスが息子たちに遺伝するはずはないのですが、少なくとも、センスを身につけやすい形質は遺伝しているはずです。

しかし、わたしが苦手な音楽や図工での才能を感じさせる息子もいますから、形質が遺伝することに期待するよりも、環境条件のほうに配慮してやるべきかもしれません。

親の「おこる・ほめる」をどうすればいい？

よく子供を「ほめる」ことの大切さがいわれます。「しかる」のをいっさいやめて「ほめる」一本がいいともいわれます。ほめることで「うれしい」という感情を生じさせ、それをバネにして、学習へのモチベーション（動機づけ）

を高めてやろう、という考えかたです。

このように、心地よいという「快の気持ち」につなげていくのが快刺激というもので、これと逆に、しかることで「不快な気持ち」を生じさせるのが不快刺激というものです。

動物に何かを学習させる場合に、二つの方法があります。ひとつは、何かができたらエサをやるというように、報酬を与える「アメ方式」です。二つめは、まちがった行動をすると電気刺激などの罰を与える「ムチ方式」です。前者が「ほめる」型、後者が「しかる」型になります。

この実験によると、ムチ方式のほうが早く学習させることができます。生物学的には、快刺激よりも不快刺激のほうが強いのです。悲しいことに、わたしたち人間も動物ですから、アメよりムチ、つまり「ほめるよりもゲンコツ」によってより強く刺激されてしまうのです。

しかし、不快な刺激を中心にして子供を育てるのは禁じられるべきです。早くしつけや学習ができるようになったとしても、ムチで追い立てられると、

人間としてもっとも大切な脳のはたらきが壊されてしまいます。それでは虐待と変わりません。

やはり、「うれしい・心地いい」という感情を生じさせながら、しつけや学習に向かわせるべきです。そうでないと、生きるということの根幹がゆがんでしまいます。

ところが、問題が浮上してきたのです。快刺激は前頭前野でコントロールされることがわかってきましたが、「心地よい、だからやろう！」と判断するのはかなり高次なはたらきですから、まだ前頭前野が発達していない子供たちへの効果としては疑問が残るのです。

たとえば、◯をもらうと「できる」と信じ、×だと「できない」と信じる段階の小学校一年生は、ほめられることがいいこと、しかられることが悪いこと、と判断するといわれます。

ですから、この段階の、まだ前頭前野が幼い子供たちを快刺激でコントロールできるのかどうかについては、脳科学からは「たいへん困難である」としか答えられないのです。

つまり、「ほめる」ことが子供たちにとって本当にモチベーションをコントロールすることに結びつくのかどうか、発達心理学などの視点も加えて、もう少し慎重に考えてみる必要があると思います。

いわゆる「九歳半の節」をすぎると前頭前野が大人型に変わることがわかっています。これ以降になると快刺激でコントロールできるはずですが、脳の発達には個人や男女によるばらつきがありますので、この学年からはいい、と線引きするのはやはりむずかしいでしょう。

心理学の実験からは、モチベーションがあるほうが脳のはたらきがよくなり、学習効果もあることがわかっています。

モチベーションの高まりは、集中力で見ることができます。集中して何かに取り組んでいるときに、モチベーションが高まっているのです。それは「ほめた」ときか、「しかった」ときか、どのような「指示」をしたときか、などを把握することが大切になってきます。

ちなみに「ほめる・しかる」のメッセージは一様ではありません。小学校の中学年ともなると、親や先生などの、声の調子、顔つき、身ぶりなどによって、その言葉以上のものを受け取ってしまうことがあると指摘されています。

まず「ほめる」という場合、なんでもかんでもほめられると、子供は「そうしろと命じられている」とメッセージを受け取り、とるに足りないことまでほめられると、「自分はまだ信頼されていないのだ」とマイナス的な感情で受けとめることもあるようです。

一方の「しかる」では、その内容は忘れてしまっても、おこられたという不快な感情だけが残ることが多いのです。語気するどく責めながら、バン！　とテーブルを叩いたりすると、子供たちは「わたしはダメな人間なのだ」というメッセージを受け取るかもしれません。

このモチベーションの高めかたについては、近い将来、脳科学と周辺の科学とで情報交換しながら、もっとわかりやすい指標的なものを出してみたいと思っています。

わが家の出産はてんてこ舞い

出産の主役はお母さん、助けるのは助産師さん

出産の主役はお母さんで、それを助けるのは助産師さんです。医者はトラブルがあったときには出番がきますが、この厳粛なドラマのなかでもっとも輝くのは、お母さんです。

父親というのは、落ち着かずにうろうろする存在でしかありません。

長男の誕生のときは、わたしもそうでした。その年の四月にすでに医師国家試験に合格していたのですが、まだ大学院の学生という身分でしたから、妻が入院している病院と大学の研究所とを行ったりきたりで、仕事がまったく手につきませんでした。

そもそも、医療には分担があります。助産師さんというのは産科の研修を積んで、厚生労働大臣から認可された専門職ですから、出産についてのいろいろな実務はお手のものです。看護師さんよりも、ひとつ上のランクの資格をもっているわけです。

医師や歯科医師を手伝ってくれる人たちのことをパラメディカル(paramedical)といいますが、その人たちがいないと、極端なはなし、医師というのは何もできない種族です。たとえば、医師は、包帯をどこの場所にどう巻くかということを習っていないのです。

そういうわけですから、わたしが医師だからといっても、ふつうの父親と変わるところはありません。白衣を着て産室に入ることは許されましたが、実習中に一度もお産がありませんでしたので、すべてが初見のことばかりで、右も左もわかりませんでした。

妻が入院したのは東北大学の近くの病院でしたので、生まれそうだと聞いて産室に急ぐと、まだ時間がかかるといわれて研究室に戻る、ということを何回か繰り返しました。

その瞬間は、感動そのものでした。

妻はすぐに赤ん坊を抱っこさせてもらって、上気した頬に押しあてていました。新しい生命の精いっぱいの泣き声と、それを宿してきた母体のすばらしさに涙がこぼれました。

当時、その病院は最先端の知識を取り入れていましたので、まだ少し濡れたままの赤ん坊にすぐおっぱいを吸わせました。母乳で絶対に育てるという方針で、出なくても吸わせろ、出るまで吸わせろ、というくらいかたくなに母乳にこだわっていたのです。

その方針に、十数年経過したいまも同意します。わたしの息子たちは哺乳ビンを知りません。妻は四人とも母乳だけで育てたのです。母としての強い意志を感じました。栄養面と精神面のどちらからも、赤ん坊は母乳で育てるほうがいいことが実証されているからです。

近年、体外に出てからすぐにお母さんに抱いてもらうと、その後の赤ちゃんの育ちかたがいいなどと聞くことがあります。できるだけ間隔を置かないほうがよくて、それが何分以内だとどうしたこうした、などという医療関係者からの意見もあるようです。

ですが、そのあたりはまだ何もわかっていないのです。とかく子育ては情緒的なところに走りがちですから、根拠があいまいな「……だそうですよ」という風説が実に多いのです。

妻はすぐに抱っこさせてもらって気持ちは安定したようですので、お母さんへのそのような効果はあるのでしょうが、科学的なデータにもとづいた話ではありません。

子育てには医師でもハウツー本が必要

意外に思われるかもしれませんが、子供がおなかにいるときは「どう育てたらいいのか、生まれてきたときはどうしたらいいか、離乳食には何を与えたらいいか」などを知るためにハウツー本を読みました。ここでも、世間のお父さんとまったく同じことをやったのです。

実は、医学部ではそれらを教えませんし、そのような教科書もないのです。両親と同居していないということもありますが、ハウツー本で勉強していくしかなかったのです。

ただ、抱っこのしかたなどは習いました。小児科で赤ちゃんを相手にしなければなりませんから、まだ首がすわっていないときはどう抱くといい、などという知識はあったのです。手が大きいほうが支えやすいので、当時は、長男をお風呂に入れるのがわたしの役割でした。

とにかく、夫婦二人でやりたいという気持ちが強かったのです。

まだ先行きが確定しないまま結婚したのですから、自分たちのことは自分たちでということを夫婦の基本と考えていました。わたしの母も父と二人で、両親の力を借りずにわたしを育ててくれましたので、それが当然のように思えたということもあります。

妊娠中、妻はずっと鉄剤を飲んでいました。もともと血が薄かったのですが、血液が濃くないと胎盤から赤ちゃんのほうへいく酸素なども少なくなるわけですから、そのときに鉄分がどんどん投与されないと、育ちかたに悪い影響がもたらされるおそれがあるのです。

そこが少し心配なところで、もしかしたら未熟児で生まれるかもしれないという覚悟もしていたのですが、なんとか平均よりちょっと軽い程度の二八〇〇グラムまでもってこられました。それでも、授乳室の赤ちゃんのなかではいちばん小さかったようです。

当時は、長男の脳のために何か刺激を入れてやろうなどとは考えもしませんでした。それよりも、妻をねぎらう気持ちが先立っていて、サラダ料理をつくって病院へ持っていったり、汚れものを洗ったりと、新米の父親として精いっぱいの毎日でした。

こうして二人ともかなり神経質になって、ハウツー本を見ながら育てたわけですが、長男はよく病気をしました。わたしは臨床医師としての経験はまだ不足していましたので、病院へかつぎこんでベテラン医師に診てもらうことの繰り返しでした。

恩師ご夫妻の豪快な人柄に助けられ

長男が一歳七カ月のときに、犬山市の京都大学霊長類研究所へ国内留学しました。犬山城のふもとの日本モンキーセンターの隣に研究所があり、すぐ横の研究室には、あの天才チンパンジーのアイがいました。ここでの指導教授が、久保田競先生だったのです。

先生は三〇代で教授になられた俊英ですから、若手の研究者時代の切れ味は恐ろしいほどだったそうです。しかし、わたしが師事したころはだいぶ温厚になられていて、大脳生理学の研究ではもちろん、長男の育児などにもいろいろと助言していただきました。

先生は、東大の医学部を卒業されてから京大の霊長類研究所へ移られ、いわゆる久保田理論で名を知られるようになるのですが、研究については学閥などにとらわれない自由さを好まれていましたので、東北大学出身のわたしにも親身になって教えてくださいました。

また、先生は「走る大脳生理学者」としても有名で、各種のマラソン大会に参加されて健脚ぶりを発揮されていましたが、そこまで本格的に走ることを決意されたのは、ご自分のテレビ出演を録画で見て、その肥満ぶりに許せないものを感じたからだそうです。

それ以来、食事内容を改善され、自宅と研究室とをランニングで行き帰りされるようになったのです。三〇キロ近く減量してもまだやめないというところに、いかにも先生らしい、古武士のような剛直さと豪快さが顔をのぞかせているように感じられます。

実は、先生の奥さまが、さらに輪をかけて豪快なかたなのです。

ご自宅に招かれたとき、長男がちょうどオシッコのトレーニング中で、おもらししてしまったのです。妻は大あわてですが、奥さまはまったく動じることなく、「これでよかったらはいて帰りなさい！」といってポンと投げられたのが、ご自分のパンツでした。

オムツなんて、とれるときには、とれるんだからーっ！　といわれて妻は目を白黒させていました。「なるようになる」というメッセージですが、これには勇気づけられました。

ご自宅には家庭菜園をつくられて、季節の野菜を欠かさないのです。先生の減量作戦が順調にいったのも、奥さまの内助の功によるのでしょう。ご夫妻は高校の同級生ということもあってか、天下に名だたる大理論家も、家庭ではいいお父さんの座に安住できたようです。

先生に、妻の実家が農業もやっているというと、「第二種兼業農家で生活のかてを得ているとはけしからん！」といって怒るのです。半分は冗談なのですけど、つい奥さまの家庭菜園の規模などと比べてしまって、むくむくとライバル心が起きたのかもしれません。

要は、たいへんな愛妻家なのですが、そこにも研究者としての生きかたを教えられたような気がします。とにかく一途なのです。

次男以降は実家の母たちの手も借りて

長男の出産のときは、仙台で生むということを最初から前提にして、早くから病院を決めていました。夫婦とも知らないことだらけだったのですが、そのことで悩むよりも、二人でいっしょにという気持ちが強くて、どちらの母たちの手も借りませんでした。

しかし、次男の出産のときは、妻は千葉に帰りました。犬山での生活の途中でしたが、不慣れな土地ということもあって、臨月近くに、長男を連れてわたしの実家へ帰ったのです。

妻の実家へ行かなかったのは、妻と義母が仲たがいしていたわけではなくて、わたしの実家に自家用車があり、その近くに評判のいい病院があったからです。

産気づいたときには車があったほうが何かと便利ですから、その点をすべてに優先して決めたのです。

妻がいうには、わたしの母がそれまでの生活をそれほど変えないで、自分と長男を迎えてくれたことが心にしみたそうです。張りきってはいても、子育てなど特別なことでもないという先輩としての落ち着きが、妻の気分をやわらげてくれたのでしょう。

長男が二歳三カ月のときの入院出産ですから、まだ育児に手がかかります。ただ、おしめはとれていましたし、言葉も出ていましたので、ピークはすぎていました。やたらに泣くこともなかったので、わたしの母も「この子はしっかり者だね」と感心していました。

そこが妻にはショックだったようです。

次男が生まれてから、わたしの母と長男とで見舞いに行ったときに、すぐに「じゃあね、母さん、ばいばい」といって帰ってしまったといって、妻はいまになっても思い出しては嘆いています。母親を気づかって、精いっぱい背伸びをしただけだと思いますが……。

三男のときは、東北大学抗酸菌病研究所の研究生でしたので、仙台で出産することにしました。出産前に一週間ほど入院したときは、わたしの母に息子たちの面倒をみにきてもらい、三男が生まれたあとは、途中で交代して、妻の母にきてもらいました。

四男はスウェーデンで出産するつもりだったのですが、東北大学から助手の席が空くので帰国しろ、という連絡が入ったので予定を変更しました。大きなおなかの妻の安全が気がかりでしたが、ともかく航空チケットを手配することにしたのです。

お金が乏しいのでモスクワ経由のアエロフロートにしたのですが、機内がボロボロで、妻は溜め息をついていました。ところが、搭乗手続きのときに、臨月に近い妊婦は乗ってはいけないと係員が突っぱねるのです。医者が同乗しないとダメだというのです。

わたしは医者だ、医学博士号も取得しているぞ！

これ一発でパスです。帰国後、千葉の実家に寄ってから仙台へ向かいました。

そして、一カ月もしないうちに生まれたのですが、妻には四人めですから、出産そのものもきつかったのでしょうが、それ以上に、飛行機での旅のほうが体にこたえたようです。

出産を終えて、まだ妻が入院しているころ、両方の母が手伝いにこられない時期がありました。長男の小学校への編入手続きがすむまでは、三人の子供に食事や風呂などを全部こなしたのですが、いざとなると、大学へ連れていって秘書さんに面倒をみてもらいました。

いま振り返ってみると、長男の子育てのときに、わたしと妻はもっともナーバスになっていました。

子供が二人になって、ようやく、家庭というものがうまく機能しはじめたように思います。子供が二人になると、母親には家庭という居場所が生まれ、外の刺激を求めなくても不安なくすごせるようになるのかもしれません。もちろん、父親のほうも安定するでしょう。

前節の反復になりますが、わたしたちは、長男をハウツー本から学んだマニュアルどおりに育てようとしました。ところが、次男になるとマニュアルはどうでもよくなって、結局は、自分たちの勘で育てはじめたところ、育児がものすごくラクになってきたのです。

つまり、マニュアルを捨てたときから楽しくなったのです。

ともかく「自然でいいや！」と思えるようになってから、本当の意味できちんと子育てができはじめたような気がします。わが家は、子供がひとりのときよりも、二人から三人へ、そして四人へと増えていくことで、子育てが円滑にいくようになりました。

医者のクセにといわれるのは承知のうえですが、たとえば、長男がちょっと熱を出したといってはすぐに病院へ走ったのです。小さいころは体が弱かったものですから、この子にかかった医療費は、ほかの三人の分を合計したものより多いのです。

ところが、二番めからは発熱しても、冷やして様子を見てから考えてみよう、というふうに変わったのです。風邪はひくものだから気にすることないよ！

と受けとめるようになったので、親のほうが強くなった。つまり、すべてを長男に学ばせてもらったわけです。

いまでは妻も、へたに薬なんか飲ませないで、自然に治したほうがいいのよ、などと子供たちにいっています。医療づけになった子のほうが弱かったのは事実ですから。

第4章

脳と心の成長の跡をたどる

川島ファミリーの記録から

育った環境と脳の発育はつながっている

父方に厳格さと根なし草の血すじが

その人らしさは、すべてその個人の「脳」に起源します。

遺伝と環境とは相互に作用しあっていますが、個人レベルでは、遺伝的なものよりも環境の要因のほうが大きく発現します。そのため、育った環境のありかたを分析すると、ある個人の脳が、なぜそのような活動のしかたになるのかを把握するヒントが見つかります。

環境の要因では、「どのように育ったのか」が決め手になります。わたしと妻とが育った記録をひもとくことで、「脳と心の成長の跡をたどってみる」ことにしましょう。

わたしの父と母は、ともに北海道の釧路市の出身です。この北の地から、父は在京の大学に進学して研究者の道を歩みはじめ、母も大学へ進んで薬剤師になりました。

父と母は高校の同級生です。上京してから交際しはじめ、結婚してからは東京と千葉、群馬などを転居しながら、息子と娘を育ててくれました。故郷を捨てて、夫婦二人して前途を切りひらいてきました。

父は科学技術庁に所属する研究官でしたので、ずっと官舎住まいでした。わたしには、最初に住んだ、千葉の官舎の記憶が残っています。その小さな庭に、父はブドウ棚をこしらえ、わたしの誕生記念に植えた桜の木が、淡紅色に咲きほこっていました。

幼稚園の年長組になって前橋市へ引っ越して、小学校の四年生でまた千葉に戻ってきましたが、今度は別の宿舎に入っています。季節はどちらも春です。

父の研究生活を支えるのが母の生きがいでしたから、土地への愛着はあったとしても、夫婦のどちらも、そこに根づいて暮らそうという気持ちは薄かったようです。「ここは仮住まいの地だ」と意識したとしても、それが居心地の悪さに結びつかなかったのでしょう。

その「根なし草」のような感覚は、当然、わたしも受けついでいます。

仙台市の東北大学を選んだのも、犬山の霊長類研究所へ国内留学したのも、スウェーデンへ留学したのも、その土地への帰属意識に縛られていないからだ、と思っています。ただし、わたしの型破りのような生きかたのほとんどに、妻が同伴してくれているのですが……。

父方の曽祖父は晩年を釧路で暮らしましたが、その前は樺太（現・サハリン）で宮大工をしていました。祖父は、明治の人なのに身長が一七五センチメートルもあって、色白で、わし鼻だったそうですから、曽祖父には白系ロシアの血が入っていたかもしれません。

ただ、父方の実家の印象はとても薄くて、厳格な祖父母だったというイメージくらいしかありません。父から聞いた話によると、暮らし向きが楽ではなかったのに、父が研究者になることを祖父母は必死にバックアップしてくれて、東京での生活を支えてくれたそうです。

祖父母には、これからの時代は学問ができないとダメだという自覚があって、生活を切りつめながら学資を工面してくれたのですから、教育について先見の明があったのです。その覚悟のほどは、父に「家業の大工を継げ」といっさいいわなかったところにも読みとれます。

このような系譜からみても、わたしは土着の家系ではありません。いま住んでいる仙台は好きですし、もう動きたくないとは思うのですが、この土地でなければ！という執着はないのです。

母方には楽天的で遊び好きの血すじが

釧路へ行くときは母といっしょですから、わたしの記憶は、どうしても母方の実家のほうに偏重してしまいます。母方の祖母は早く亡くなったせいで記憶がほとんどないのですが、祖父がやさしくしてくれた、お小遣いをいっぱいくれた、というのはよく覚えています。

この祖父が遊び人タイプで、正月などに一族が集まるとさっそくマージャン大会でした。これが家族マージャンのきっかけですが、中学生のころには、祖父から小遣いをいっぱいもらって、ジャン卓を囲まされて、その場ですべて巻きあげられるという筋書きでした。

これが伝染して、幼稚園から覚えはじめた妹が一年生で点数計算ができるようになると、うちでも家族マージャンが開始されたのです。なぜか父も母も勝負事が好きなので、家族四人がそろうと、最低でも二、三時間は、ポンだチーだとみんなで大騒ぎをしていました。

休日になると、午後から開始して、もう晩ごはんもつくらないで、「店屋もの」をとって夜までぶっ通しでやるという、すさまじい一家でした。おなかが空くと、わたしか妹が出前のメニューを持ち出してきて、短い一時休戦に入り、それぞれの注文を決めて電話をかけると、即再開！　というぐあいでした。

ここでの謎は、母がどうやってマージャンを覚えたのか、ということです。なぜなら、祖父は男と女を分けて考える昔かたぎの人だったからです。お嫁に行くのだから短大を出ておけばいいといって、母が四年制の大学へ進学するのに反対したほどですから、いくら遊び人タイプでも、娘に手ほどきしたとは考えられないのですが……。

原風景は前橋から仰ぐ赤城山と榛名山

おそらくは父方の影響ですが、わたしはずっと健康優良児タイプで育ったようです。とにかく体が大きかったらしくて、イジメにあうなどということはいっさいありませんでした。

幼稚園に入る前に、母がいっとき外へ勤めに出ていて、日中は近所の家に預けられたそうです。落花生と金づちを渡しておくと、ひとりでポンポンと割りながら食べていたらしくて、手間がかからなかったといいます。その反面、悪い子というので有名だったそうです。

友達といっしょに、近所の家のガラスを割って歩いたり、道端にすわりこんで平気でドロ遊びをしたり……そんな悪さで鳴りひびいていたといいます。わたしはまったく記憶していないのですが、母親は被害を受けた家々へ謝りにいくのが日課だったらしいのです。

もっとも高度な役割をする「前頭前野」がまだ幼かったせいなのですが、数々のいたずらで皆さんに迷惑をかけたかと思うと、いまでも冷や汗が出てきます。

わたしには、住んだ土地への地元意識というものがないのですが、原風景を探せ！ といわれると、それは群馬の前橋市になります。北に赤城山を仰ぎ見て、西に榛名山があってという景色のもとで、幼稚園の年長組から小学校の三年生まで育ちました。

この千葉から前橋への引っ越しは、父が博士号を取得するために、群馬大学医学部の研究室に所属を替えたことによります。ただし、この一家しての転居が博士号論文のためであったと知ったのは、わたしが大学生になってからのことです。

父はもともと多弁ではなかったのですが、必要なことまで言葉にして伝えずに、省略してしまうクセのようなものがありました。一種の照れのせいだったと思うのですが……。

たとえば、わたしは「ポジトロンCT」という機器を使っていますが、父はその原型のようなもの（医療物理）を研究していましたから、学問上のつながりがあるのです。医学部を卒業して、専攻として放射線科を選びましたが、それを父はとても喜んでくれたそうです。

息子が学問上の系列につらなったことがうれしかったのだと思いますが、わたしはそれを知らなくて、あとになって母に聞かされました。そのとき、博士号取得の件も自分から話さなかったことを、いかにも父らしいな、という感慨とともに思い出したのです。泉下の父は苦笑いしていることでしょう。

この前橋では、第3章でも話しましたが、地域の集団での遊びがいちばん記憶に鮮やかです。子供会のような集まりがあって、頂点の六年生のいうことを聞きながら、一年生までがくっついて行動するのです。その序列のなかでもまれて、いつしか社会性が獲得されていったのだと思います。

野球は田んぼでやりました。どこかから拾ってきた使い古しの軟球式のボールを、木の棒で打つのですが、みんなグローブなど持っていなくても、すごい熱中ぶりでした。

三年生でバットを買ってもらったのですが、ボールはなかったので、道端の小石を打っていました。いい音ですが、石が車のなかに飛びこんだときは逃げまわりました。悪さをするごとに前頭前野がきたえられるのですから、すばらしい体験だった、といっておきます。

父には異なる二つの顔があった

妹とは六歳ちがいですから、わたしがクワの実を食べすぎて唇をパカッと割っていたころに生まれています。わたしにゲンコツを食わせた父が、この妹にはとことん甘かったのです。

子供には、大きくても小さくても、いくら年齢が離れていても、親からは同じに扱ってもらいたいという思いがあります。しかし、父には、「女の子なのだからいい」という気持ちがあったようです。男と女とに差をつけるのは、幼い頭脳にはまったく不可解でした。

そのぶん、母は息子のわたしに甘かったのです。妹はいまになっても、母は兄に甘くて、自分にはきついといいますから、彼女なりに、逆のあつれきを感じていたようです。

ところで、わたしは家の外の父がどんな顔をしているのか知りませんでした。父が仕事をしているところは何度か見せてもらったのですが、暗いじめじめした場所に大きな機械があるというイメージしかないのです。放射線の実験装置だったと思いますが、ちょっと恐ろしい感じがしたので、こわごわ覗いていたような記憶があります。

その父が変わったのは、テニスのときです。土曜や日曜になると研究所のコートにテニスをしにいくのですが、そのときは、外の人と接するときの顔になって、とても社交的で明るい父がいるのです。わたしもテニスができるようになって初めて知った父の顔でした。

たとえば、うちの家族とつきあいはじめたころの妻は、テニスをするときの明るくて冗談をよくいう父しか知らなかったので、「実はとても厳しい人なんだよ」といってもなかなか信じなかったのです。それほど落差がひどかったのですから、息子がとまどうはずです。母もこっそり父のことを「外面《そとづら》がいい」と評していました。

とくに息子に厳しくても、それは父の教育方針なので母は従うわけですが、たとえば、カッと怒ると、食事中の茶わんを投げつけるくらい激怒するのです。それも、わたしのハシの持ちかたが悪いとか、ヒジを突いて茶わんを持った、という程度の理由で……。

今なら家庭内暴力で大問題になるような激しいしかり方をされましたが、母は、父にとても従順で、私の味方にはなってくれませんでした。母はつねに父を尊敬していて、父のためには何でもするけど、子供たちのことはするつもりはない。自分のことは自分でしなさい。お父さんが一番で、あなたたちは二番、三番なのだから、というのが口ぐせでした。

お父さんは何でもできるすごい人なのだから、二人とも少しでも追いつくようにに努力しなさい。足もとにまで追いつけるようになったらいいね！　といわれて育てられたのです。

ここは父と母の家であって、子供たちは住まわせてもらっている、という価値観を植えつけられたのです。当然、母が父の悪口をいうはずがありません。ゲンコツを食らうのは「あなたが悪いからだ」と、どんなに不条理なことでも父の側に立って、ことを収拾するのです。

父が仕込んだ本場のテーブルマナー

父は食事中のハシづかいにうるさいだけではなくて、マナー自体に厳格でした。イギリスに二年間ほど留学した経験があったので、本場のテーブルマナーに通じていて、いざというときに恥をかかないための常識などは、父親が教えるものと考えていたのでしょう。

わたしが中学校に入ったとき、父と二人でレストランへ行きました。フィンガーボールが用意された本格的な料理で、ナイフやフォーク、皿、ナプキンなどの適切な使いかたをきちっと教わったのです。ただ、緊張のためにまるで美味しくなかった……。フランス料理だったはずですが、そのメニューすら覚えていません。

妻がいうには、両親とうちの家族でホテルのレストランで食事をしたときに、子供たちが「男の子はテーブルの上にいつも両手を出していなさい！」と厳しい口調でいわれてちょっと怖かったそうです。いつもとちがう祖父に、子供たちも口数が少なくなったようですし……。

そこまでマナーにうるさかったのは、それも学者の心得のひとつと考えていたからかもしれません。「身のまわりのことや社会のマナーがきちんとできない人間に、きちんとした仕事や勉強ができるわけがない」というのが、父の口ぐせでした。

もちろん、マナーを子供に教えるのは当然ですが、社会に出ていくときに、本式のテーブルマナーを身につけておいたほうがいいことは確かです。もっとも、わたしの場合は妻とのデートのときぐらいしか役に立っていなかったかもしれませんが、それも大切なことです。

もうひとつ、これは母がじかに妻に教えたことですが、「男の子でも料理ができるように育てたほうがいい」という考えがあります。ですから、わたしは夜食も自分でつくって食べましたし、食事のあとの洗い物も自分でやりましたし、洗濯も自分でやりました。

いま考えるとちょっと笑えるのですが、高校生になっても母といっしょに買い物に行っていたのです。大きな体格の息子と母親とが連れだって商店街へ行って、メインになる食材は母親が決めて買って、息子は自分の食べたいものを母親のカゴに突っこむのです。そして、夜食にはあれを料理してやろう、などと想像して、人一倍元気な胃袋を落ち着かせたものです。

妻の父は口数の少ない堅物そのもの

妻の両親は千葉市の蘇我《そが》というところに住んでいました。義父は公務員を定年退職してから税務事務所を経営していたのですが、茨城大学工学部卒という変わり種です。妻もそれをつい最近まで知らなくて、「どうして理科系の出身なの？」と、首をかしげていました。

妻がいうには、旧制の千葉中学（現・千葉高校）を出たというのは知っていたが、戦争の時代だったので、その混乱のさなかに大学へ行っていたとは考えなかったらしいのです。入学したのは旧制の多賀工業専門学校でしたが、のちに新制の茨城大学に改組されたわけです。

義母のほうは旧制の女学校を卒業していて、病気などとは無縁な、とても元気な人です。いつも活発に動きまわっていて、妻の記憶によると、寝こんだのが一度くらいしかないそうです。義父がふだん口数が少ないぶん、義母はよく話すタイプのようです。

義父の口数があまり多くないのは、祖父から受けついだ性質だといいます。妻が中学生のころに亡くなっているのですが、この祖父は農業とタタミ屋を兼業していて、一代で財を築いたそうです。何人かの職人を指図していたようですが、寡黙な人だったみたいです。

まだ子供のころ、妻はかなり活動的だったようです。

職人さんが、一升ビンを口にくわえて、プーッと霧を吹いて、肘でタタミの縁をクックッと押さえながら、太い針で縫っていくのを横目に、わらの臭いがすごくて、小山のように積んであるところにバサーッと飛んで、頭まで埋まって――という遊びに夢中になったそうです。

妻は、三人姉妹の末っ子です。長女とは五歳、次女とは二歳ちがいですから、お互いによくわかりあえる年齢差ではないでしょうか。ちなみに、わたしが五月の生まれで、彼女が翌年三月の生まれですから、同級生といっても九カ月ほどちがいます。

ふだんは仲良し姉妹でもケンカはします。妻が泣くと、義母が姉たちをしかるので、「なんでも泣けばいいと思ってるのね！」と、姉たちはいつも不満だったみたいです。

そんなときも、義父は無言だったようです。性格が穏健なのではなくて、無関心を装うのだというのは妻の受けとりかたですが、もしかすると的を射ているかもしれません。親として本当は気になっているのに、それを決して表に現わさないのです。

たった一度だけ怒られたのは、足で新聞を踏んだときだそうです。義父がたまたま読んでいた新聞だったらしいのですが、その不注意をとがめられて、家の外に出されたといいます。わざとやるような子ではなかったと妻はいいますが、その真偽はヤブのなかです。

妻の母は病気知らずの活動タイプ

妻は小学校の六年生までずっとピアノを習っていたのに、義父はこちらにも無関心だったといいます。「うまいね」とか「いい曲だね」といわれたことがなかったのに、発表会には黙ってきていたそうです。「行くからね！」ともいわないでおいて、と妻はいいますが……。

最近になって、妻は義母から、あの当時、ピアノを購入したために家計を切りつめなければならなかったと聞かされ、公務員の給料であえて無理をしたのは、娘たちへの特別な思いがあったのだろう、と遅まきながら考え直したそうです。

義父は黙して語らない人でしたので、類推するしかないのです。心を開かないというのではなくて、一種のスタイルなのでした。

実家の敷地はとても広いのですが、畑はそこから離れたところにありました。学校から帰ってきても、義母が農作業に出ているときは、隣にある父方の祖父母の家へ行って、お菓子などをもらって食べながら、義母の帰りを待っていたそうです。

二人の姉は千葉大附属小学校に通っていて、かなりの遠距離ですから、帰宅が遅かったのです。妻のほうは地域の小学校でしたから、ふんだんに遊ぶ時間があったのです。それが彼女の感受性に、奥行きと広がりをもたらしたのだと思います。

畑には、主食の米のほかに、家庭で消費する野菜はほとんど作っていたといいます。市場へ出荷はしなくて、親戚だけで食べてしまったのだそうですが、一族にはさぞや豊かな味覚が育ったことでしょう。季節の恵みが味わえるというのは、最高のぜいたくだと思います。

幼稚園生だった長男と次男は、妻の実家に帰省したときに、義母といっしょに収穫を手伝いました。義母が、わたしたちの帰省に合わせて、収穫できる作物をとっておいてくれたのです。

　この義母がたいへんな働き者で、しかも女学校のころはバスケットをやっていたとかで、すごく体力がある人なのです。妻が小学校の三年生頃までは、その背中の「しょいカゴ」に草刈りカマなどといっしょに入れてもらって、畑へ野良仕事に行ったそうです。

　田植えだ、稲刈りだ、というと親戚じゅうが集まって力を合わせてやったそうですから、参加した子供たちの前頭前野はたくましくなり、社会性がどんどん育ったことでしょう。

　特筆すべきなのは、すごく料理がじょうずなことです。

　妻の誕生日は三月三日ですから雛祭りの日なのですが、友達を呼んでの誕生会には、洋風のオードブルが出たといいます。デザートにはきれいに飾られたゼリーがついたそうですから、当時にすると、すごくおしゃれな洋食パーティーといえます。

国立大学の附属校と地域の学校のちがい

わたしが群馬大学附属小学校へ行ったのは、家からいちばん近い学校だったからです。受験のための勉強もしていません。面接でみんながきちんと坐っているのに、もうひとりの退屈していた暴れん坊の子といっしょに、しりとりを提案して大騒ぎになったといいます。

その時間に子供たちを観察して点数をつけたりするのですが、遊びの場と勘ちがいしたのでしょう。もうダメだ！　と父は腹をくったらしいのですが、暴れん坊の子は二人とも合格していました。そのあたりに、大学附属校の教育観が読みとれるかもしれません。

家庭学習はひとつもやりませんでした。千葉大学附属へ転校した三年生の冬には勉強させられましたが、それ以外は、勉強は学校でやるものと思ってやらなかったのです。

しかも、群馬にいたころは教科書を自宅へ持って帰っていましたが、千葉に行ってからは学校に置きっぱなしにしていたのです。勉強しようにも、やるものがなかったわけです。

その点、地域の小学校へ行っていた妻のほうは家庭学習をしたようです。猛勉強というのではなく、宿題を忘れないでやって、書道や図工の道具もそろえてという程度ですが、それでも計画的にコツコツやっていたのですから、わたしよりずっと勤勉だったみたいです。

わたしは、この流儀を小学校から中学校、そして高校まで通しました。冗談でもなんでもなく、カバンのなかには弁当箱だけだったのです。そのぶん授業に集中したのだろうといわれても、うまい返答が見つかりません。ただ、授業はよくわかっていたつもりですから、ふつう程度の集中ぐらいはしていたのだろうと思います。

四年生で千葉大学附属小学校へ転校したのですが、授業中に「わかる人は？」と先生にいわれて、「はいっ！」と返事して手をあげると、みんなに白い目で見られたのがいちばんのショックでした。千葉では、みんな黙ってスーッと手をあげるのです。

大声で「はいっ!」とやると、それ一発で、こいつは田舎からきた子だという評価が決まるのです。なぜかはわからないのですが、元気な声で手をあげるというのが恥ずかしいという文化が確立されていたのです。もっとスマートにやろうよ、という感覚でしょう。

一学年が四十人弱で、三クラスでした。実験校ですから、教室や人員はゆったりしていたのですが、四年生でもうみんなは進学塾へ通っていました。そのまま中学へ進めるのに、超有名な開成中学や武蔵中学などへ進学しようと、ねらっているのです。

当人の考えかどうかはわからないのですが、東京のほうへステップアップしようという連中ばかりでした。わたし以外の友達のほとんどが塾へ行っていますから、土曜や日曜になると遊び仲間がいなくなってしまうのです。

地域の学校との学力差がぐんと広がる

もともと試験で選ばれてきた生徒が、進学塾でさらに高レベルの勉強をするのですから、地域の学校の子供たちとの差はますます広がります。中学になるときに新規募集をして二クラス強ほどの新しい血が入ってくるのですが、その子供たちは苦労させられます。

だいたい地域の小学校でずっと一番だったという子がくるのですが、学年全体で試験をすると、平均点以下やビリに近いというので、みんな精神的につぶれてしまうのです。

その子たちは、地域の中学校ではトップを張れたはずですから、県下一の千葉高校へ進めたにちがいないのです。なまじ附属中学校へきたばかりに、落ちこぼれてしまうのです。

しかも、地域から離れたところから通ってきているので、放課後になるとみんな個々の世界になってバラバラなのです。お互いがもう大人の感覚ですから、干渉しないし、暴力的なケンカもめったにしません。それこそ、最初から高校生くらいのイメージなのです。

ところが、わたしは先生によく殴られました。

小学生のころから、新学期になってクラスでいちばん最初にビンタされる男の子というのを六年間ほど死守しました。体が大きかったので、見せしめによかったのでしょう。

千葉大学附属小学校には妻のすぐ上の姉が通っていて、一年先輩でした。水泳部の強化合宿やバレーボール部でいっしょだったのですが、妻と高校で知り合ったときも、その人の妹だということを知らなくて、しばらくしてから「ほんとっ?」という感じでした。

中学時代は、中位よりやや下という成績でした。従来のデータからすると千葉高校へ合格できるはずだったのですが、その年から市内の公立高校に学校群制度が導入されて、クジ引きでばらまかれて、新設校の千葉南高校へ送りこまれたのです。

この教育改革は三年間しかつづきませんでした。わたしには、一年生のときに妻と同じクラスになったという以外に、恩恵などありませんでした。

一年間の浪人中に成績のゴボウ抜き

現役の高校生のときも、ある国立大学の医学部を受験しましたが、ハシにも棒にもかからない成績で、もちろん不合格でした。それから初めて、毎日勉強するようになったのですが、親がいうには「砂漠に水をまくように」して学力が伸びはじめました。

九月ころには東北大学医学部が合格圏内になっていましたが、その当時はやっていた「青葉城恋歌」という流行歌にひかれて、受験を決めました。

ところで、妻のほうは高校では国立大文系コースに入っていて、成績もすごくよかったのですが、四年制大学卒の女子学生の就職難がいわれだした時期でもあり、本人は医療関係の仕事につきたかったということから、歯科衛生士の専門学校を受験したようです。

妻は地域の小学校から中学校へ進んでいますので、ふつうの感覚の持ち主です。医学部の学生になってからつきあいはじめて、いろいろと教わりました。彼女の通っていた専門学校は私立の歯科大学の系列ですが、その学生たちのリッチな生活ぶりをよく話題にしました。

わたしが医学の研究への情熱を語ると、妻はその質朴さにいたく感動してくれたようで、お互いの信頼が深まっていくことにすごい充実感をおぼえました。

以上が、わたしたち夫婦が育った環境のあらましです。生まれついての遺伝的なものが、こうした要因によって「個性」として発現していったのですが、それがある種の脳の活動のパターンのようなものに結実しているのでしょう。

人生の転機と子育て方針の転換

自然のなかでの子育てが大きな収穫

わたしと家族が迎えた大きな転機は、スウェーデンへの留学です。この北欧の王国の首都はストックホルム市ですが、北緯五九度二〇分に位置しますから、日本のはるか北方の、カムチャツカ半島の根元あたりになります。

ストックホルムの平均気温は約六℃で、二月にはマイナス五・四℃、七月は一七・四℃になります。「北欧のヴェネツィア」と呼ばれるように、海の入り江と湖とがつながって、自然の樹木などの緑と、赤や青の屋根や塔がきれいに澄んだ水面に映えています。

母国語はスウェーデン語ですが、彼らはとてもなめらかな英語をしゃべります。英語がつかえるとまったく不自由なく暮らせる国なのです。日常的に英語をつかう教育が徹底しているのでしょう。

この留学は二年間だったのですが、三人の子供とたっぷりいっしょに時間をすごすことができました。国内にいたときのような雑用がなかったので、定時に帰宅できましたし、土曜と日曜が休みでしたので、いまから考えると信じられないくらい豊かな生活が送れたのです。

その当時の写真やビデオを見て、まだ生まれていなかった末っ子は残念がっていますが、その弟にいろいろな体験談を話してやるのは、兄たちの任務のようなものです。

当然ながら、いちばん年上の長男が主役になるのですが、彼自身は、わたしたちが住んでいた宿舎の階下にあるモンテソリー式の幼稚園に通っていたので、そこでの体験をおもにしながら、記憶に残っている気候のことなども話してやったようです。

このモンテソリー（Maria Montessori）という人はイタリアの教育家で女医

でもあったのですが、子供の自発性を尊重して育てるやりかたですから、園児たちに自然木で玩具や椅子などをこしらえさせて、それを使ってみんなをいっしょに遊ばせるのです。

インターナショナルな学校ですから、もちろん公用語は英語です。長男はすぐに慣れて、外国からの友達と玩具の取り合いっこをしていました。みんな自国語をしゃべりながら、それでも通じあって遊んでいるのですから、子供の特質というのはすごいものです。

わたしが仕事から帰ってきてから、またひとレジャーができました。夏は一日が長くて、夜の十一時くらいまで日が暮れないのです。晩ごはんを食べてから、家族で公園へ遊びに行くなど、どうしても自然と外へ出るようになります。

留学中ですから生活費を切りつめていたということもありますが、そもそも向こうの人たちはお金をつかって遊ぶということはしません。みんなで自然のなかに出ていって、野生のブルーベリーなどを摘んで食べたりして、そこに幸せを見つけるのです。

湯わかしのコンロとヤカンを持って遠くへ行ったり、妻が焼いたクッキーを箱に詰めていったり、という自然志向の遊びかたですから、家族の話し声が潤滑油になるのです。

長い冬と短い夏のなかできたえられて

わたしたちの宿舎の裏にメーラレン湖があって、いかにもスウェーデンという感じの風景でした。精神的にすごく豊かな国で、庭に生えている木は、実は誰のものでもないのです。たとえば、他人の庭に生えているイチゴを摘んで食べても罰せられないのです。

法律的にそうなっているのですから、この自然はみんなのもの、個人が所有できるような浅いものではない、という考えがもう子供のころから徹底しています。

スウェーデンの人たちは「春のよろこび」に沸きたちます。日本でいう春と秋がとても短くて、春はだいたい五月にきて、その五月のあいだに終わってしまいます。そして六月から七月半ばまでが、夏です。七月半ばから八月半ばまでが夏と秋がまざったような天気で、九月になるともうすっかり秋です。そして、十月以降から翌年の四月までが冬なのです。

ほんとうに春がくるということがうれしくて、いっせいに花々が咲き乱れるのを、老いも若きも、心底からよろこびます。春のカーニバルというのは、北欧の人たちだけが、その意味がわかるのではないかと思います。一日ごとに強くなる陽ざしが感動的なのです。

裏の湖には魚がいっぱいいましたので、木の棒に糸をくっつけ、虫ピンでこしらえた釣り針をつけて、魚釣りをしたこともありました。

わたしが糸をたらしても反応がありません。ところが、妻が交代してその手製の糸と針をたらすと、どういう理由からか、サッと魚が食いついてきたのです。マス科かフナ科の一種だと思うのですが、妻は「赤い金魚みたいなのが！」といってはしゃいでいました。

妻と子供たちがとりわけ大好きだったのは、森の散歩です。ピーターラビットのような野うさぎが走り出てきたり、大きなモグラが顔をのぞかせたり、木の枝などに野生のリスがいっぱい登っていたり、まるで童話の世界のようでした。

日本でも有名な「ムーミン」は隣国フィンランドのトーベ・ヤンソンの作品ですが、あの世界にひたって、小道のブルーベリーや木いちごなどを摘んでいくのです。茶色っぽい野うさぎはいわゆる野うさぎよりも小さくて、穴居性がありますから、ほんとうに可愛いのです。

このような環境が、子供たちの育ちかたにどのような影響を与えたかは、なかなか定まらないでしょうが、その感受性などの質を高めてくれたはずだと確信はしています。

上の二人には父と同じゲンコツ教育

この留学では、師事したローランド教授から過分なほどの評価をいただきました。政府関係が実施するスウェーデン語の試験に通れば、カロリンスカ研究所に助教授として残ってくれないかとまでいわれたのです。ただ、子供たちのことを考えてすごく迷いました。

長男がちょうど小学校の二年生になっていましたから、もしスウェーデンでそのまま研究生活を送って、たとえば五年間すごしたとすると、長男が小学校を卒業するころまで、ずっとこの北欧の国ですごすことになってしまいます。

そのあと、外国で日本語学校でもいいし、英語の教育でもいいのですが、それらを修了して外国の高校から大学へ行くという人生を歩むという手もあることはあったのです。

ですが、そこまで親が決めてしまっていいのだろうか、親のつごうで子供の人生をゆがめていいのだろうか、と悩みぬいたのです。その結論は、帰国することでした。

帰国してからの子育てでは、上の二人と下の二人への方針がちがっています。長男と次男には、わたしがかつて父にやられたように、厳しく育てました。

上の二人のときには、わたしも若かったし、妻もあまり反対しなかったので、とにかくコブシで育てました。ところが、妻はどこかにひっかかりをもっていて、下の二人のときには、頼むからやめてください！　と必死の面持ちでいうのです。

妻は、長男と次男を見ていて「つらい！」と感じたのだそうです。コブシにものをいわせるのはやめて！　というのは、平和的な家庭で育ってきた妻には当然すぎるほどの願いだったのでしょうが、もう一歩も引かないという決意がこもっていました。

細かいことは自分が怒るから、肝心なときだけ、一発だけ怒ってくれ、というのです。それではしばらく様子を見てやろうか、というふうに考えました。

弁解ではないのですが、上の二人にスパルタをした理由は、父親がわたしにしたことは正しかったという思いがあったからです。父がやってくれたことは、大人になってみると誤りではなかったと感じたからです。それを子育てに入れるのは当たり前だと考えたのです。

たとえば、科学という土俵に上がったときに、子供ができないというのが許せなかったのです。それは父とまったく同じ感情です。勉強のことで長男にコブシをふるったのは、数学や物理で、ひとつの原理原則を、彼が応用できなかったときに腹が立ったからです。

親と子が、影絵をなぞっているのです。気持ちが落ち着いてみると、それはまったく父と同じだということに気づきました。次男にも同じことをしましたが、彼は長男がやられるのを見ていますから、ひどい点数の答案などは持ってこないようになりました。

次男には、長男が反面教師なのです。そういう意味では利口になってきていますが、わたしから見ると、まだまだ「遊び」というものが足りないのです。

兄弟関係がひとつの社会をつくる

次男には、兄への尊敬があります。頼る部分と尊敬する部分とがあり、そのうえでライバル心も育てているようです。長男も次男も少年野球をやっていました。部活動も野球部でキャプテンを経験していますが、次男はピッチャーですから、いちだんと目立ちたがり屋です。

ただ、この次男は努力をすることがあまり好きではないタイプです。才能だけで行けるとこまで行っちゃえ、というタイプで、その先は努力しないとダメといわれると、ちょっといやになってしまう。そこに、わたしは自分の血というものを感じてしまいます。

スパルタをやめたのは下の二人に対してですから、その後も長男と次男には反抗などさせませんでした。口ごたえは絶対にさせなかったのです。おそらく不満は自分のなかで消化していたのでしょうが、父への反抗を考えること自体が罪であると思っていたかもしれません。

長男と次男は、下の弟たちを見て不公平だといっていました。こんなことすると、父さんにぶん殴られたのだぞ！といって、自分たちで鉄拳制裁していたようです。

わたしが出かけるときは、長男に「たのんだぞ！」と声をかけていきました。そこから父親的なものが育まれてきて、下の三人の面倒をみたり、妻の精神的な支えになろうとしたり、という力強いものが生まれていったようです。

三男坊は、スウェーデン時代に家族皆から愛情を注がれて育ちました。たとえば、わたしの膝の上にいる時間がいちばん長かったのが、この三男だったと思います。そのせいか、ほかの子にはない感性があるようです。

そして、四男は変わった自己主張をするタイプのようです。兄弟の多い子供たちの宿命でしょうが、親が手をかけられる量はどんどん減っていくわけです。四男坊などは生まれた瞬間から四分の一しか手をかけてもらえないのですから、つらい部分もあったでしょう。

このような関係には、メリットもあればデメリットもあると思います。上に三人の兄たちがいて、いろいろな失敗をしたというのがわかるわけですから……。

そういう意味では、子育てにはもう心配はなくなるし、妻にしてみると三番めも四番めもいっしょのようなものですから、ストレスなどなく育てられたようです。

息子たちに指しゃぶりとチック症が

子育てが万全のようにみえても、子供に異変らしきものが起こることがあります。次男が生まれてから、長男が指しゃぶりをするようになったのです。また、タオルを離さなくなって、妻が心配したことがありました。どちらも、下の子が生まれたことに起因します。

次男にはなかったのですが、三男がまたタオルを離さなくなりました。ボロボロになったので捨てたところ、怒って大泣きするのです。もう忘れたころだろうと思って捨てたのに、しっかり覚えていた、と妻は半分笑いながら報告してくれました。

この指しゃぶりなどは、心のバランスをとるための行動です。口の感覚というのは、赤ちゃんがこの世に出てきて、最初に覚える「口唇感覚」に由来するものです。

母乳を吸うときに、そこから母親とのつながりが開始されるわけですから、いちばん最初に得る「心の安心するコミュニケーション」が、口のまわりの感覚なのです。そのつぎに生殖器へといきます。そのようにして、少しずつ発達していくのです。

ですから、指しゃぶりやタオルというのは、いちばん原始的な感覚を満足させて心の安定を保つための行為ですから、ムリにやめさせると、心のバランスを崩すことになります。

子供にとって、いちばん居心地がいいのは、母と子とが一対一でずっと濃密にいられるという関係ですが、兄弟が生まれるとそうはいかなくなる。そこで、その子供なりに、自分の生まれた環境に適応しようと思って、指をしゃぶったりするのです。

戦っているのですから、かわいそうといえばかわいそうです。やめなさいといって効果があることもあるし、逆効果になることもあります。心が成長するまで待つか、それとも、親の側で何が不満なのかということを見つけだしてやるべきか、ケースによってちがいます。

指しゃぶりは、みんな自然に治りましたが、治るというのは、脳＝心が成長することによって、自分で解決しようとしたものが、ついにできたことを意味します。そのようになる前に、親などが指摘すると、その行為がクセとして定着してしまって、それが気になりだすと、なかなか治らなくなってしまうことがあります。

おわりに――過ぎてしまえば、すべてがなつかしく

振り返ると、わたしたちの子育ての原典は、スウェーデンでの生活に求められると思います。

ストックホルムに到着したとき、わたしは三一歳で、三男が生後一一カ月でした。まだ四男は生まれていませんが、おなかに宿ったのは滞在して二年めのことですから、彼もいっしょに暮らしたことになると思っています。つまり、この地で家族のメンバーがそろったのです。

わたしたちの住まいは町の外れにありました。駅前からまっすぐのストリートが住まいのある一角にぶつかって、そこから先は郊外になります。すぐ裏手にはメーラレン湖が広がり、その周囲にハガパークという広い森の

公園がありました。家族で毎日のように散歩をしていたところです。子どもたちは、固くなったパンを湖のカモにあげるのを楽しんでいました。木いちごなどのベリー類はすぐに見つけることができ、摘んでよく食べたものです。九月になると、リンゴがまっ赤に実ります。どこの木から採ってもいいのですが、主人の勤務するカロリンスカ研究所の庭のリンゴは小さくてきれいで、アップルパイにすると最高でした。その酸っぱさと砂糖の甘さのからまりぐあいが絶品でした。

冬には北欧の湖は天然のスケート場になります。厚く張った氷を確認し、勝手気ままにスケートや氷上散歩を楽しむのです。息子たちは最初はよく転んでいましたが、すぐに上達し、白い息を吐きながら何時間も滑っていました。その姿があまりにも生き生きとして楽しそうで、思わず私もベビーカーを押しながら氷上を滑りました。

買い物はすぐ近くのスーパーで済ませていましたが、週末にドライブを兼ねて行く郊外への買い出しは楽しみのひとつでした。初めて訪れたときは、大きな建物のなかにビッグサイズの食品が並んでいる様子にとても驚きました。豊富な乳製品を選ぶのに四苦八苦し、時に失敗したり、また意外なおいしさに喜んだり。それも今となってはよい思い出のひとこまです。

わが家の財布事情でも牛肉は手軽に買うことができたので、食卓に多く登場しました。

お酒はアルコール度数に応じて税金がかかるので、ウオツカなどはとんでもない値段になります。ビールは度数が二〜三パーセントから一パーセントのものは安く買えますので、お酒があまり得意でない主人はそれらを飲んでいました。

生活費は、日本の民間の助成財団からのものと、主人が医者をして貯めたものでまかなったのですが、しばらくして、給料がもらえるようになりました。つまり、学者として認められたのです。

その経緯からしても、この北欧の国での生活は、質素ではありましたが、自然を肌で感じ、真の豊かさとは何かを経験できた、家族にとってはもっとも貴重なときでした。わが家の宝石箱のようなものです。

わたしたちは、最初のボタンがうまくかかったせいで、あとはずっと順調に歩んでこられたような気がします。主人との出会いは運命的なものだったのでしょう。夫婦ですから、ともに苦しみ、ともによろこび、ということの繰り返しでいいのです。

子供たちはいずれ巣立っていきます。「家族って、いっしょにいると楽しい!」ということを忘れないかぎり、生きていくことに不安をいだくことはないはずです。ああでもない、こうでもないと大騒ぎをしながら、それぞれの人生の進路を定めていくことでしょう。

彼らの成長を心待ちにしていながら、どこか、さびしい気もします。力強くはばたいてほしいと思いながら、傷ついたときは帰ってきてもいいよ、といってみたいのです。とにかく、過ぎてしまうとすべてがなつかしく、したわしいのです。

感傷にひたることの愚を知ったうえでのことですが、彼らが大人になったときに、折々のあれやこれやを覚えていてくれたらいいな、という気持ちを消すことができないのです。なぜなら、記憶ほどかけがえのないものはないのですから……。

川島英子

文庫版おわりに

この本を出版してから、一二年以上の年月が経過しました。

この間、母と義父は泉下の客となりました。長男、次男、三男は、それぞれ自らの進むべき道を見つけ、社会でがんばっています。四男も来春、自らの希望を叶えて社会に旅立ちます。五男のアルは、もうすぐ一四歳。人間の年齢では卒寿でしょうか。息子たちの巣立ちを見守り、今はゆっくり余生を楽しんでいます。

長かった子育てが、やっと終わりのときを迎えました。いろいろ大変だったけれど、我々の子育てはまずまずの出来だったかなと感じています。

わたしたち夫婦にとって、子育てを堪能し、もっとも幸せな日々をすごしたのは、おなかのなかにいた四男には少し申し訳ないですが、やはりスウェーデンでの日々です。

あのころに戻ることはできませんが、いつか家族全員でストックホルムを訪れ、お弁当を持ってハガパークを散歩したいと願っています。

いかんせん一二年も前に書いたものですから、研究成果の解釈などは大きく変わってきています。ただ、根底に流れるものは、今も陳腐化していないと思っています。

この本で骨子となっている「読み・書き・計算」の効果に関しては、作動記憶という前頭前野の意義は証明され、大脳皮質の体積が増える過疎的な変化まで生じていること、その結果、さまざまな脳機能が向上することなどがわかりました。

学習療法も認知症のケアで標準的に使われるようになり、現在では日本全国にとどまらず、米国でも利用が開始されています。

脳が活性化するから脳によいのだ、という単純な説明は、いまはもうしていません。ただ、最先端の脳科学研究では、ニューロフィードバックといって、自分の脳活動を自分でモニターし、脳活動を高める努力を行なうと、脳機能向上に非常に強い効果があることがわかっています。

脳を活性化することを意識するという方向性は、どうやら間違っていないようです。

時代は急速に変化し、子育ても大きく変わりました。わたしは、脳科学者として、宮城県や仙台市、兵庫県小野市ほかたくさんの自治体とともに、子どもたちの健全育成のために、家庭で、地域で、そして社会として何をすべきかを考えつづけています。

そして、スマートフォンがあまりにも根深くわたしたちの生活に入りこみ、児童・生徒の能力を大きく削りとり、子育て中の親子のコミュニケーションを完膚なきまでに破壊し、その結果、子どもたちの認知発達に悪影響が出ていることを示す多くのデータに戦慄を覚えています。

本書が、皆さまが子育てについて、それぞれの立場から今一度深く考えていただくきっかけになれば、と願っています。

二〇一五年一二月

川島隆太

川島隆太（かわしま・りゅうた）

1959年、千葉市に生まれる。県立千葉南高等学校卒業。東北大学医学部卒業。同大学院医学研究科修了（医学博士）。スウェーデン王国カロリンスカ研究所客員研究員、東北大学助手講師を経て、現在、東北大学加齢医学研究所所長。脳のどこの部分にどのような機能があるのかを調べる「ブレーンイメージング研究」の、日本におけるパイオニア。著書に『元気な脳が君たちの未来をひらく』（くもん出版）『さらば脳ブーム』（新潮新書）など多数。

川島英子（かわしま・ひでこ）

1960年、千葉市に生まれる。川島隆太の妻。四人の子供の母。

本書は、2003年6月に小社より刊行された単行本をもとに、加筆・修正したものです。

二見レインボー文庫

「頭《あたま》のいい子《こ》」は音読《おんどく》と計算《けいさん》で育《そだ》つ

著者　川島隆太《かわしまりゅうた》　川島英子《かわしまひでこ》

発行所　株式会社 二見書房
東京都千代田区三崎町2-18-11
電話　03(3515)2311［営業］
03(3515)2313［編集］
振替　00170-4-2639

印刷　株式会社 堀内印刷所
製本　株式会社 村上製本所

落丁·乱丁本はお取り替えいたします。
定価は、カバーに表示してあります。

ISBN978-4-576-15211-0
http://www.futami.co.jp/

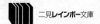